《シリーズ ： ベトナムを知る》

トゥオン・ミン・ズク ＆ レ・ヴァン・ディン著

ベトナムの都市化とライフスタイルの変遷

野島　和男訳

発行　ビスタ　ピー・エス

PGS.TS. Trương Minh Dục
TS. Lê Văn Định

LỐI SỐNG ĐÔ THỊ VIỆT NAM TRONG QUÁ TRÌNH ĐÔ THỊ HÓA

(sách chuyên khảo)

Nhà xuất bản Chính trị quốc gia - Sự thật
Hà Nội - 2013

出版によせて

　現在、世界各地で進行している都市化は避けて通れない必然的な傾向である。特にベトナムのような発展途上国においてはその傾向が特に強く見られる。経済の発展速度に比例して都市化の速度も加速する。都市化現象が起こるには、経済と社会の急速な発展が必須であり、都市化によって市民の生活を向上させる。しかしながら都市化に伴いさまざまな問題も発生する。土地を失った農民の雇用対策、土地の補償問題、住民移転、環境汚染などの諸問題が発生する。現在のベトナムにおいても都市生活は魅力的だが、環境問題などの歓迎できない諸問題の発生源でもある。

　ベトナムの都市化とライフスタイルを理解したいと願う読者のために、弊社はレ・バン・ディン（Lê Văn Định）博士とトゥオン・ミン・ズク（Trương Minh Dục）博士に執筆していただき本書を出版することとなった。

　本書は、ベトナムの都市生活の特徴や成立過程を明確にし、あわせて世界各国と比較し歴史的に考察している。また、現代における都市建設の諸問題とその解決方法を提示している。本書には貴重な資料やデータが多数掲載されており資料としての記録的な価値は非常に高い。そのため、都市問題に関心がある研究者や読者に是非とも読んでいただきたい一冊である。

2013年3月

Nhà xuất bản chính trị quốc gia

紹介のことば

「ベトナムの都市化とライフスタイルの変遷 (原書名：LỐI SỐNG ĐÔ THỊ VIỆT NAM TRONG QUÁ TRÌNH ĐÔ THỊ HÓA)」はレ・ヴァン・ディン (Lê Văn Định) 博士とトゥオン・ミン・ズク (Trương Minh Dục) 博士による卓越した研究により執筆された。両博士は世界各国の都市化を古代から現代まで歴史的に考察して結論を導きだしている。都市化とは農業社会が工業社会に変動する重要な過程と定義することができる。

第一章では下記の4区分に時代を解説してある。
　(1)　4世紀以降のベトナムの都市化
　(2)　1858年以前の封建時代
　(3)　1858年から1945年までのフランス植民地時代
　(4)　1945年から1975年まで

そして1975年の南部解放から現代までを考察し、すべての過程を詳細に解説している。

ドイモイ政策の開始から25年が経過した。ベトナムは今これまでに経験したことのない急激な都市化過程の真っただ中にある。現在のベトナム都市は世界と比較するとまだ都市化割合が高くない。しかし、環境汚染やスラム化などの諸問題、都市人口の爆発的増加、複雑化する社会など、ベトナムは都市化過程に特有な諸問題に直面している。

紹介のことば v

　第二章では、都市で暮らす個人の行動や生活など、都市のライフスタイルとベトナムの歴史の中で形成されてきたライフスタイルの特性を紹介している。自然条件による地域社会と多様な社会形態や新たに出現した富裕層の実情を考察する。都市のライフスタイルは、都市の生産性と経済やインフラなどに影響される。また、都市の建築計画、民族の伝統、社会構造、国際関係などにも左右される。自然との調和のとれた関係を重視するなど、今日の都市ライフスタイルはベトナムの歴史の中で形成された基本的な特性と要因によって影響を受けている。ベトナム都市部のライフスタイルの特徴として、農村固有の性質が経済成長している現在でも依然として重要な意味を持つ。そのため、地域の高齢者には静的支配の方法、つまり法律を押し付けるのではなく感情に訴えるやり方が有効である。この方法は様々なメリットがあるが、ベトナムの都市をさらに発展させる障害ともなっている。

　第三章では、今日の経済生活の現状を分析することで、ベトナム都市部のライフスタイルを考察する。労働と雇用の指標、建築計画における都市生活の空間的構成、教育、医療、娯楽など必要不可欠な行政サービス、家庭内活動や宗教そして治安向上など市民の要望に応じる都市管理方法、そして、ベトナムの諸都市における都市型ライフスタイルを評価する。第三章の最後でベトナムの工業化と近代化過程におけるライフスタイルの特徴を説明している。主な特徴の一番目は農村型から都市型への過渡期という点である。二番目に工業化、三番目に正と負が混在して都市化が進行している点である。

第四章で著者は、ベトナムにおけるライフスタイルの構築について三つの提言を行っている。都市化により近代化を推し進めるべきで、現代的技術と民族性を調和させることが進歩につながると考えている。そして、都市型ライフスタイルの構築にむけて次のように提案している。

(1) 都市型ライフスタイルの社会的・物質的条件を形成するための経済発展と品質の向上。
(2) 広報の有効性向上と住民すべてへの教育。
(3) 行政の効率化を促進し、サービスの向上を図る。

また、提案では科学的評価を十分に考慮する必要があると述べている。

　本書は、都市化と都市建設の進歩を目指した学術的研究論文であり、科学的な分析結果を提供することで国民生活の向上に貢献するものである。

　　　　ズオン・フー・ヒエップ博士　　（GS.TS. DƯƠNG PHÚ HIỆP）

はじめに

　近年の工業化の加速度的発展と社会主義市場経済の発展によって、ベトナムは大規模かつ急激な速度で都市化している。そのため、従来の都市ライフスタイルは大きな影響を受けることとなった。生活物質の質と量が飛躍的に向上したことにより都市部の生活水準は大幅に向上した。そして、その影響でライフスタイルは大きく変化した。これはライフスタイル変遷の第一歩目である。社会構造はより多くの選択肢により多様化し、地域レベルでの多文化主義の勃興が顕著になった。これが変遷の二歩目である。その後の技術革新の過程で国際的な交流が開放的に行われるようになり、開放化によりライフスタイルは大きく変化した。海外からの観光客の増加、商業製品、インターネットなどIT関連、デジタル技術などが急速に生活の変化をもたらした。その結果、都市の生活には複雑な多様化と国際化が浸透し、ライフスタイルをより良い方向へと改善していった。

　こうしてベトナムの各都市は近代化されていったが、さらに整備を進める必要性がある。具体例を挙げると公共交通機関、上下水道、電力、住居、ゴミ処理などの問題である。これらは、標準的な近代インフラよりも低いのが現状である。しかし、ベトナムの都市計画と都市管理における欠点や弱点は、都市部で表面化した諸問題が断片化、分断化していて、混沌とした特徴として現れていることである。表面化したこれらの問題は、都市開発の不適切な長期計画だけで発生したのではない。人口の農村から都市への移住による自然増に伴いインフラの負荷は増大する。特に大都市では人口構成が複雑になり、経済や社

会に起因する問題が発生する。個人主義的で近隣に無関心な都市住民の増加は、犯罪など社会悪の発生増をまねく。ベトナムでは特に人口が100万人以上の都市でこの傾向が強い。

現在、工業化と近代化が著しいベトナムの都市は、農業社会から工業社会に移行する過渡期にある。生活様式をより文化的なものに導くためにも都市化過程でのライフスタイルの変化を評価し、注意深く調査・研究する必要がある。都市化へと進む現在の状況を把握することは非常に重要であり、学術的な興味だけでなく、都市化や特定の目的に応じて構築された都市型ライフスタイルの経路計画のための科学的基盤を準備することになる。

人々の行動が結晶化して文化になるように、都市型ライフスタイルは都市文化の外観を作成するための基本的な要素の一つとみなされる。そのため、都市部のライフスタイルの研究は、都市文化の構築と定着に大きく貢献する。都市のライフスタイルを研究すること、特に都市部の一般的な文化環境から都市型ライフスタイルを形成するためには、それに特化した研究が必要である。

本書が学術的研究のアプローチとして活用されることを期待している。また、現在も近代化へと変貌している過程にあるベトナムの都市型ライフスタイルを詳細に解き明かすきっかけとなることを期待している。本書を出版するにあたり、様々な研究結果を基礎としたが、主要な資料として社会調査「工業化と近代化を強く推進している現代ベトナムの文化と都市ライフスタイル」 "Văn hóa và lối sống đô thị trong giai đoạn đẩy mạnh công nghiệp hòa, hiện đại hóa ở Việt Nam hiện nay" (KX.03.20/06.10) を利用した。

導入部と結論以外に本書は4章から構成されている。
　第1章　都市と都市化、ベトナムの都市の特徴
　第2章　ベトナムの都市化過程とライフスタイルの変遷（歴史）
　第3章　現代ベトナムの都市生活への多面的アプローチ
　第4章　都市型ライフスタイルの構築と工業化

　本書の出版にあたり、貴重なご教示をいただいたズオン・フー・ヒエップ（Dương Phú Hiệp）教授に感謝する。また、編集では出版社（Nhà xuất bản Chính trị quốc gia）にさまざまな助言と指導を頂いた。
　今日のベトナムは、急速な都市化に伴い都市型ライフスタイルも急速に変化し、様々な問題が露呈している。そのため、本書で提示した内容と現実の間に若干の誤差が発見されるかもしれない。読者のご指摘を謙虚に受け止め、今後の版をより完全なものにするため忌憚のないご意見をお寄せいただきたい。

著者

目　次

出版によせて ──────────────────────── iii

紹介のことば ──────────────────────── iv

はじめに ────────────────────────── vii

第一章　ベトナムにおける都市化の特徴 ───────────── 1
Ⅰ．世界の都市化過程 ───────────────────── 1
Ⅱ．ベトナムの都市過程の特徴 ─────────────── 15

第二章　ベトナムの都市化とライフスタイルの変遷 ─────── 24
Ⅰ．ライフスタイルの文化的考察 ───────────── 24
Ⅱ．ライフスタイルの変遷要因 ─────────────── 52
Ⅲ．歴史的に見たベトナム都市の基本的特徴 ─────── 61

第三章　ベトナム都市生活への多面的アプローチ ─────── 70
Ⅰ．都市生活の発生とライフスタイルの相互作用 ──── 70
Ⅱ．グループ別にみた都市居住者の問題点 ─────── 129
Ⅲ．工業化過程にあるベトナム都市ライフスタイルの特徴 158

第四章　工業化と近代化過程における都市型ライフスタイルの構築
────────────────────────────── 167
Ⅰ．都市生活構築の基本的観点 ─────────────── 167
Ⅱ．都市ライフスタイル建設の主要な問題解決 ───── 185
Ⅲ．いくつかの提言 ──────────────────── 226

おわりに ────────────────────────── 228

第一章 ベトナムにおける都市化の特徴

Ⅰ．世界の都市化過程

1．都市開発と発展の歴史

　現在、"都市"の客観的定義はない。ソビエト百科事典（1963）の定義によれば、都市とは主要な集落であり、主な住民は工業や商業に従事しているとある。フランスで1976年に出版された辞書"Petit La Rousse"には、都市は商業と工業および行政活動をする住民が居住する場所と書かれている。明確な定義はないが、都市とは歴史的にみれば人間の社会が発展して出現したものである。マルクス主義の解釈によれば、都市は産業とそれに従事する労働者により成り立ち、社会的分業のプロセスにより発展を遂げたものである。

　歴史的観点から見れば、社会の発展と都市の変化は密接に関係しており、都市の形態変化は社会・経済の発展によるところが大きい。都市発展の歴史は、都市化の大きな波の発生によって始まる。古代における都市形成の第一波で都市化が始まり、第二波で近代化が始まった。都市化の第一波の典型例が紀元前3000年の古代エジプトであり、メソポタミアや古代ローマ人のギリシャ都市文明である。第二波はヨーロッパの産業革命に起因し、炭鉱、工業地区、港湾に位置する都市が勃興した。その時代に中心となった都市がイギリスのリバプール、オランダのアムステルダム、フランスのマルセイユなどである。

(a) 古代都市

　現在でも古代都市が成立した年代には議論の余地がある。しかし、歴史的認定は遺跡の発掘など考古学の研究に基づく古代都市形成過程の統一された見解が定説になりつつある。

　古代都市は通貨の流通によって社会形態が変化し始めた時期に形成がはじまる。まず、人が集まって集落が形成される。次に農業生産や技術が向上することで農業従事者以外の者を養うことができる余剰が形成される。そうして社会は成長し非生産人口も発生するが、この時点では都市は成熟しておらず、不完全な社会構造が残る。その後、人口の集中により交易地域、居住地域、生産地域などが発生する。そして、住民の基本的要求を満たすため首都機能が形成される。

　このように、古代の集落にも農業を中心とした社会的生産により都市が形成される重要な段階を見ることができる。余剰食物の発生により非生産人口が発生する。その後、管理者階層が出現し、政治機構のような社会統制が始まる。古代では、物々交換を地域内で行い、血縁関係にある家族が集まって社会を構成していた。また、支配者階級の権力強化と宗教指導者は密接な関係にあった。それは一族の共同体形成や奴隷制度とも関係していた。

　ほとんどの古代都市は、自然条件が良好で経済発展の条件が整った大規模河川の周辺で発生している。エジプト文明はナイル川流域の肥沃な平野に形成され、バビロニア文明はチグリス・ユーフラテスの両大河があった。また、ガンジス川流域ではインダス文明が発生した。

　エジプトのピラミッドや巨石建造物遺跡は現在も残っていて、奴隷

階級のみすぼらしい住居跡も砂漠の中から発掘されている。

　古代メソポタミアでは道路が整備され、水の供給システムも整っていた。また、宗教遺物により古代社会では信仰が大きな役割を果たしていたことがわかる。

　初期の古代ギリシャの都市は統一されたスタイルでなかったが、その後建築様式が固定化した。有名な円形競技場の建築レイアウトを見れば支配階級と隷属階級の分離がわかる。政治行政と商業の中心は"agoda"と呼ばれた。一方、宗教の中心は"accoropon"と呼ばれ、通常は他から孤立した小高い場所に建設された。

　古代中国では、殷・周王朝の早い段階に都市が成立し、鄭州では文化の成熟を示す銅製品、陶器などの遺物や酒醸造の痕跡が発見されている。紀元前16世紀の殷王朝時代にはすでに不完全ながら都市計画があり、正方形の区画に町並みが整備されていた。遺跡群は権威を象徴する大きな建物を主要軸の中心にして配置してある。区画の整備には個別の要求だけでなく自然の地形も加味されていた。また、街路樹や庭木を植林した痕跡もある。

(b) 中世の都市

　中世に入ると生産を奴隷労働力にだけ頼っていた古代の制度が崩壊した。奴隷制度に代わって封建的支配で生産と開発をし始めた。生産の仕方が変わったことにより、それぞれの地域で独立した封建国家が誕生した。ヨーロッパで多くの封建独立国が成立したことがこの時代のもっとも大きな特徴である。

　5世紀から11世紀まで、ヨーロッパ各地の封建領主は領地を拡大する

ことで権力を増強していった。"中世の闇"のなかでは、宗教による精神的支配と権力による支配が結び付いていた。ヨーロッパではいつ終わるともなく続く戦争によって都市は荒廃した。そのため、経済の停滞をまねくとともに、行政や社会の中心となる都市の機能にも支障をきたすようになった。支配者の命令で周辺地域の開発が行われたが、人々の住居は混雑した場所に集中し、もはや社会とは言いがたいような状態だった。この時代、ギリシャ・ローマ時代の文化的背景は崩壊した。封建領主の城とキリスト教会が地域の核となった都市は、何世紀にもわたって領民を支配し続けた。この時代の都市は通常、小規模な農村が散在するように配置されていた。

　11世紀に入ると、各地の独立した封建王朝は自らの支配的な役割をはっきりと主張するようになった。手工芸や商品販売などの非農業生産は都市の発展につながり、都市は経済と政治の中心という役割が明確になった。その結果、各地の大きな都市は発展をとげた。特に、これまで荒廃していた各国の首都は復活し発展した。それぞれの都市内では政治権力集団と権力者の都合により改造された宗教が都市の中心核となった。各職能は専門ごとに小集団化していった。それとともに、外側が城壁と堀に守られた新しい都市は、商業経済の中心としての役割を持ち交通の要所となった。このような都市は社会生活に重要な役割を果たすようになった。商品生産が活性化し、後に資本主義となる市場競争がはじまり、都市は生産の拠点となった。この時代のヨーロッパでは水運によって各都市が結ばれた。このような発展段階になると都市の発達に伴って農業や商業が発展し、外国との交易も広がりを見せた。

15世紀から16世紀にかけてヨーロッパで発生した資本主義の芽生えはルネッサンスの波により新たな段階に入った。都市芸術建築計画のための新たな第一歩を踏み出し、ルネッサンス時代の様式に変化していった。ヨーロッパでは地中海沿岸の都市が世界交易の中心となり、周辺地域に大きな影響を与えた。

（c）近世の都市

　16世紀後半からヨーロッパでは、労働生産性の向上により資本主義的な生産形態が成長し、商業が活性化したことで産業が細分化した。また、海洋交通の発達と新世界への航路発見はヨーロッパの都市に空前の繁栄をもたらした。都市化が推進される条件が整ったことで都市部は拡張し、新しい都市も出現するようになった。しかしながら、このことで都市ならではの問題が表面化し始めた。都市と農村の開発格差、中心部と郊外の格差、居住地域の衛生環境、公共交通インフラなどの問題が露呈した。ヨーロッパでは都市化の速度に管理が追いつかなかった。そこで必要に応じて強制的に改革する政府の計画的な都市管理が必要となった。オスマン男爵（Georges-Eugène Haussmann）の的確な指導により、パリは18年間（1852〜870）におよぶ改造の結果世界的な大都市となった。この改造で主要道路の整備と鉄道で内外部を広範囲に接続した。

　その時期、新大陸のニューヨークやワシントンなども近代的で安全な都市へと政府が介入して改造がなされた。ニューヨークでは同じ区画の小さな街区を街路で区切って配置する試みがなされた。それぞれの区画には高密度の高層建築が建設されたが、区画に緑地などの配慮

はなかった。現代のような都市構想が実現するのはもう少し後の時代になる。ワシントンは他とは違う計画がなされた。碁盤の目のように対角で道路が配置され、ホワイトハウス地区と首都地区が相対するように設計された。

(d) 現代の都市

第一次世界大戦（1914〜1918）はヨーロッパ全土に深刻な影響を残したが、特に都市ではその影響が大きかった。復興に向けて工業化と都市化が再び始まったが、都市に戻ってきた人々にとって交通と住居の問題は深刻であった。経済は順調に拡大したが、基本的な問題は解決されなかった。

そのような情勢のなか、10月革命によりソビエト連邦という社会主義国家が成立した。ソビエト連邦では都市の開発計画が中央からの指示と調整だけで決定されるようになり、個人の私利を排除した都市化過程が始まった。

第二次世界大戦では多くの都市が少なからぬ損害を被った。戦後に戦災を受けた都市では再構築による都市化推進が始まった。戦後の工業はヨーロッパやアメリカだけでなく他の大陸でも急速に再建され、都市化が推進された。それに伴い、工業国の都市開発計画は以前からあった都市問題の解決に焦点が当てられた。そのような状況で第三世界（アジア、アフリカ、ラテンアメリカ）の多くの都市では、開発用地の不足など様々な問題に直面した。

加速化した力強い都市の発展は現代都市化過程の特徴である。しかも、現代の都市化過程は組織レベルで管理する傾向を見ることができ

る。この管理方法は、規格と規制、都市開発と特定化などの以前からある方法よりも多くの進歩を達成することができた。従来の都市化は高度に工業化された経済の発展に伴って都市化したものだが、現代ではそうではないケースも出現している。

このように、世界史で見る都市開発は、数千年に及ぶ長い歴史の中で何度も浮き沈みを経験してきた。社会発展の結果として都市は成立するが、それぞれの国や地域の発展レベルと歴史を反映したものになる。人間社会の歴史の中で出現した都市は、都市化過程の結果として自然に成立した。都市は物質的・非物質的資源を集約する機能があり、地域社会の経済発展さらには国の発展を推進する。都市化過程とは、農業社会が工業社会へと移行する重要な通過過程である。

2. 現代東アジア・東南アジアにおける都市化過程の基本的特徴

(a) 現代社会の都市化課程の特徴

最新の発表(2008年)によると全世界の人口は約33億人であり、2030年には50億人以上になると予想される。

図1　都市化人口の割合

	都市人口 (100万)			都市人口比率 (％)		
	1970	1990	2025	1970	1990	2025
全世界	1,352	2,282	5,187	37	43	61
発展途上国	654	1,401	4,011	25	34	57
後発国	38	103	532	13	20	44
中進国	615	1,298	3,479	26	36	59
先進国	689	881	1,177	67	73	84

客観的に見た都市化とは、国や地域の経済発展の結果である。経済発展した地域では、加速度的に都市化が進む。しかし、発展途上国では爆発的な人口増加の影響で、都市化過程において複雑な問題が発生する。最近の十数年、都市化している地域の都市人口は急激に増加している。2025年の世界の都市化率は61％に達し、主に発展途上国で人口が集中すると予想される。1975年から都市の人口バランスは変化してきた。1990年には発展途上国の人口比率は世界人口の半数以上（61％）に達した。国連の予測によれば、2025年の発展途上国の都市人口は先進国の4倍に相当する40億人に達する。この間の先進国の人口増加は約8億8千万から12億と予測されている。この予測で注目すべきことは、増加した人口のほとんどが発展途上国で、しかも、最近の数十年に増えた点である。そして、この傾向はこれからも続くと考えられる。都市部の生活環境は次から次へと改善されるのに対し農村部の生活条件は縮小され、農村部との生活格差は広がっている。多くの先進国では、都市部郊外の地域が新たな産業地域として注目されることになる。[1]　同じ発展途上国でも都市比率は開発の速度によって異なり、アジア、アフリカなどの都市比率は均一ではない。また、ラテンアメリカのような工業化過程にある国の都市人口比率は特に高く、約70％にもなる。最近の10年間、一般的な発展途上国の都市化速度は非常に速い。2015には都市の人口比率は50％になり、2025年には約57％に達するが、2015年の後発国（47カ国）の都市人口比率は30％以下にとどまると予測される。

---

[1] 訳者注：ベトナム語でいう農村とは第一次産業を基盤とした地域のことで、漁村や山村なども含む。

先進国の都市比率は地域によって明確に違う。西ヨーロッパ、北アメリカ、オーストラリア、ニュージーランドなどは80％に達するが、東ヨーロッパは63％である。現在、ヨーロッパ12カ国の都市比率は85％以上であり、そのなかでもモナコ公国は100％、ベルギー97％、アイルランド94％、ルクセングルブ91％、マルタ91％、オランダ90％、イングランド89％、デンマーク82％、ドイツ連邦88％である。

　しかし、東ヨーロッパでは都市人口が少なく、モルドバ54％、ルーマニア53％、スロバキア53％である。南ヨーロッパで都市人口が多いのはアンドラ92％、マルタ91％、イタリア90％、スペイン76％。少ないのはアルバニア42％、ボスニヤ・ヘルツェゴビナ43％、スロベニヤ52％、ポルトガル53％である。

　現在の世界の都市化過程はグループ別の多様化が著しい。欧米の先進国では、古くから人が居住していた地域の都市化が進んでいるが、一方で住民の外部への移住が進み"脱都市化（de-urbanizations）"する傾向もある。しかし、発展途上国の都市化過程は強力に進行している。

(b) 東アジアおよび東南アジアの都市と都市化

　東アジアは地理的に範囲の規定が明確ではないが、共有する文化を持つ国々である。モンゴル、ウイグルとチベットを含む中華人民共和国、台湾、北朝鮮、韓国、日本で構成され、面積は約1,164万平米でアジア総面積の15％ほどの地域であり、いずれも中華文明の影響を色濃く残している。言語や政治制度は各国で違う。宗教も儒教、道教、上座仏教、大乗仏教など様々である。また、東アジアではないがベトナ

ムやシンガポールなども中華文明の影響を強く受けている国家である。

　この地域の総人口は17億人以上であり、アジア全域の40％、世界人口の1／4に相当する。人口密度は1km²あたり230人で、世界平均の5倍にもなる。また、中国や日本のような経済大国があり、経済的に大変発展した地域でもある。

　東南アジアはアジア地域の一部であり、中国より南、インドの東、オーストラリアの北にある地域を指す。面積は約450万平米で11の国家（ブルネイ、カンボジア、東ティモール、インドネシア、ラオス、マレーシア、ミャンマー、シンガポール、フィリピン、タイ、ベトナム）からなる。総人口は5億5千万人（2004年）であり、インド文明と中華文明の影響を強く受けているが、同化することなくそれぞれの文化を築いてきた。この地域は農業、特に米の水稲栽培が盛んであり、経済的にも農業が主要な位置を占めている。そのため東南アジアは"水稲のゆりかご"とも呼ばれている。

　東南アジアの国々は15世紀頃から開発がはじまったが、18世紀の初めに欧米列強の侵略があり、国の弱体化と植民地化を余儀なくされた。その結果、東南アジアではヨーロッパ式都市文明の影響を強く受けた。しかし、日本や香港などを除き、アジアで本格的な都市化がはじまったのは20世紀になってからである。しかも、東南アジアでの都市化は低レベルのものであった。

　20世紀の終わりから21世紀初頭にかけて、アジアでも日本のような都市化過程が始まった。韓国やシンガポールなどが日の出の勢いで都市化していき、それにタイ、マレーシア、インドネシア、中国、ベト

ナムが続いた。それら後発の国々は、加速度的に都市化していき、その速度は世界でも類を見ない速さであった。都市人口比率は1990年に33％であったが、現在では43％に達している。現在、工業化と近代化が著しく進行しているが、特に第2次世界大戦後からアジアの国々では急激な都市化が始まった。

　日本は都市集中の国で、世界でもトップクラスの大きな大都市がいくつもある。第2次世界大戦後、荒廃した日本の都市は強力かつ急速に都市化していったが、その背景に加工技術などの工業力があった。戦後復興による都市化過程は目を見張るほどの速度であり、規模も広範囲に展開した。その結果、大都市の周辺域にも大きな都市が成立した。日本は島国だが本州という島がもっとも都市化している。そのなかでも東京とその周辺地域の人口は3,500万人であり、世界一の人口集中地域である。日本の都市人口集中率は26％にも達する。

　現在、ロンドン、ニューヨーク、東京は世界の三大金融センターといわれている。大都市東京の経済力は非常に強い。東京のGNP（国民総生産）の額は、イタリアやイギリス一国とほぼ同じ額であり、日本のGNPの約33％を占める。東京以外にも大阪を中心とした関西は日本で2番目の都市圏であり、人口は1,800万人にもなる。関西は1985年から1990年にかけて25％の年間成長率で伸び続けた。

　20世紀後半から21世紀初頭にかけて、アジアでは日本に続き多くの国が都市化していった。現在、世界の50大都市の中で17はアジアの都市である。日本以外には上海、シンガポール、バンコック、ホンコンなどが大きく成長して他をリードしている。

　中国では大戦後30年近く経ってから経済成長が始まった。そして、

現在では世界第2位の経済大国である。この25年は沿岸部がリードする経済成長が続き、都市化が進行していった。以前、100万人都市は46都市であったが、1992年から数100万人の貧しい農民を都市が吸収しはじめ、現在では102の都市が100万人を超えるまでに成長した。中国では人口の45％以上が都市の住人であり、2025年には都市人口が3億5000万人となり、都市以外の全人口は10億人に達する。[2]

　工業化への移行に成功したアジアでは、経済発展の速度が加速化し、住民の生活の質が継続的に向上したが、新たな問題も発生するようになった。都市の開発と建設計画が推進され、経済が発展し都市生活は向上した。その中に旧来からある各国家や地域独自のアイデンティティーは継承されている。工業化過程に伴う社会問題に対して優先的な解決が求められる中で、経済的に発展してきたのが現代アジアの多くの都市化の特徴である。各国政府は都市の発展と環境や治安の維持を両立させることに取り組んできた。伝統的文化の継承と振興、社会秩序維持、環境保全、雇用問題、住宅問題、飢餓と貧困の撲滅などがアジア各国のもっとも重要な政治課題となっている。
　都市化に成功したアジアの都市では、どこも同じような管理の限界や不備などによる都市化特有の問題が発生している。東アジアと東南アジア地域は政府の計画と管理により多くの都市を導いてきた。東京

---

[2] 中国の都市化率は46％であるが、これは名目上の数字であり、実際には28％程度である。残りの18％は都市に出稼ぎにきている農民である。その出稼ぎ農民は、正式な市民ではないので医療や各種の社会サービスの面で都市の恩恵に浴してはいない。（vietnamplus.vn インターネット版より）

あるいはシンガポールを訪れた観光客は清潔な街路に驚く。これは管理の好例で誰もが清潔で安全に過ごせる都市である。

最近ではアジアの多くの地域が工業化の過程に入り、近代化が進んでいる。特徴としては、農業から工業へと産業が急速に移行して、都市人口が増加している地域の発展速度は速く、新しい都市が出現している。それに加えて工業が発展し行政サービスの行き届いている都市は、農村からの労働人口を吸収して大きな都市となる。そのような都市は人口の増加と集中が非常に速い。急速に都市化した地域では行政の管理能力超過や生活費の高騰などの問題が発生しやすい。生態系の破壊や環境汚染、交通の混雑、インフレ、住民の分化対立や疲弊化などの問題が発生することがよくみられる。

農村から都市への移行速度がもっとも速かったのは中国と東南アジア諸国連合（ASEAN）諸国である。この地域の都市化率は1990年に32％であったが、2006年に45％となり、総人口は13億人に達した。

国連アジア太平洋経済社会委員会（ESCAP）によると、アジア地域の発展途上国で都市化が進行している都市で発生している大きな問題は、スラムとそこに居住する貧民層、安全な水の供給、過密居住地区の衛生環境である。現在、発展途上国の都市で平均すると住民5人のうち2人はスラムで生活している。これは、きわめて深刻な問題であり、その都市と国家にとって発展を阻害する要因となっている。"貧困、失業、低水準生活、疾病、社会悪の増加、低い就学率"、それらは管理不足によって発生する都市化過程の痛みである。

都市地域の環境汚染の増加が居住民を脅かすとともに地域の発展をも脅かすと、国連アジア太平洋経済社会委員会（ESCAP）は警告してい

る。経済発展の加速度的上昇は環境に大きな負担をかけてきた。最近では、東アジア、東南アジア地域一人あたりの年間炭酸ガス排出量は1.9トンから3.2トンに増えた。一人あたりのエネルギー需要は1990年から2004年にかけて2倍以上になり、炭酸ガス排出量は世界でも一番高いレベルにある。また、都市住民への安全な水の供給割合も減少している。このスラム化に起因する問題がもっとも顕著なのはインドネシア、フィリピン、中国である。

　大都市住民の人口過剰は様々な問題を引き起こす。都市生活における質の悪化の影響により、解決しがたい苦痛を伴った生活を余儀なくさせる。家族の住まい、子どもの教育など都市生活に必要な経費は高騰する。このような問題は急激な都市化に伴うものであるが、ハノイ、バンコック、ホーチミン、東京、ホンコン、上海、ソウル、シンガポールなどでは改善されて予想よりも低く抑えられている。東アジアと東南アジアには人口過剰な都市がいくつもあり、交通の混雑、環境汚染、犯罪や麻薬などの社会悪の増加などの問題が発生する。バンコック、ジャカルタ、マニラ、上海、ハノイ、ホーチミンなどでは交通渋滞が大きな問題であり、都市住民の悩みの種となっている。これは生活だけでなく社会と経済や労働生産性などにも影響し、都市の発展を阻害する要因になっている。都市の騒音、スモッグなどは都市居住者の健康に影響を与える。また、都市問題の山積はその国のアイデンティティーの保持にも影響しかねない問題である。アジアでは、自文化に対する誇りが強くアイデンティティーの根幹をなしてきた。それぞれの地域には独自の文化遺産があり、地域民はそれを継承する認識がある。国家が新しくなったとしても自分たちの文化は積極的に保

持しなければならないと考えている。しかし、現在、都市化過程にある東アジアや東南アジア地域では現実的で広範囲の問題に直面している。また、大都市では欧米式の異文化ライフスタイルが無差別に流入しているのが現状である。

　誰もが一面的に欧米式ライフスタイルや都市文化を否定するわけではない。それは大きく広がり、技術、工芸、知識、経済などに大きな影響を与えている。しかし、無差別に欧米文化が流入するようになった原因は、急速な都市化と個々の文化輸入に対する基本的な準備ができていなかったためである。そのため地域の文化とライフスタイルが大きく西洋に傾いてしまったのである。しかしながら、アジア地域では伝統文化に対する意識は強く、都市化による欧米式ライフスタイルと平行して自文化の伝統的価値が揺らぐことなく認識されている。

II．ベトナムの都市過程の特徴

1．1975年以前の都市開発概略

　都市化は人類の文化が発展することに伴って発生する避けられない過程である。しかし、この必然的な傾向は直線的に進展するのではなく、その社会や自然条件によって左右される。このような都市発展の法則はベトナムにも当てはまり、都市発展の過程は直線的ではなかった。

　ベトナムは東南アジアに位置するため、基本的には東南アジア文化の影響を受けている。しかし、東アジアの影響も少なからずあり、ベトナムの都市化は二つの区域の文化的特徴を持つ独自なものである。

その結果、二種類の文化が混在しながら何度も浮き沈みをくり返して都市化していった。

(a) 封建時代

　紀元前2000年頃、ヴァンラン国（Văn Lang）の都であったフォンチャウ（Phong Chau）が出現した。この都の正確な位置は確定しておらず、年代の推定にも定説はないが、これがベトナムでの封建王朝の始まりだと言われている。

　その後、コーロア（Cổ Loa）、メーリン（Mê Linh）、ロンビン（Long Biên）などの古代都市が出現した。10世紀にゴー・クエン王（Ngô Quyền）は、12人の武将と反乱を起こし、独立を勝ち取ってからコーロラ（Cổ Loa）を都と定めた。その後ディン・ボ・リン王（Đinh Bộ Lĩnh）はホアルー（Hoa Lu）を都とし、1010年にリ・コウ・ウン王（Lý Công Uẩn）によってホアルー（Hoa Lu）からダイラ（Đại La）へ遷都し、都の名称はタンロン（Thăng Long）と変更された。この10世紀に成立した都タンロン（現ハノイ）は、その後数百年の長きに渡ってベトナムの首都であった。1802年グエン朝（Nhà Nguyễn）成立後、ザーロン王（Gia Long）は首都を現在のフエであるフー・スアン（Phú Xuân）とし、その後、1945年の8月革命までグエン朝（1802-1945）の都であった。

　かつてベトナムにあった都は規模が小さく、頻繁に遷都が行われた。封建時代の都市は都市計画にこれといった大きな特色はなく、人口も多くはなかった。都市内の経済は農業を中心とし、文化的には農村文化が圧倒的に主流であった。

封建制度による都市の中心は城壁の内にある王宮であった。この時代にベトナムで先進的な都市文化が出現することはなく、社会管理も遅れていた。通常、各都市は交通の頻繁な場所に成立した。人が多く集まる場所が商業の中心となり、やがて政治行政の中心となった。しかしながら、初期の時代の開発は非常に低いレベルであり、主な行政の中心部"都"だけが開発の対象であった。市場経済の芽生えから商業活動を行う"市"が発生したが、発展速度はきわめてゆっくりとしたものであった。そして、行政の開発計画は不確実で、ごく一部に制限されていた。

　この時代のベトナムは西洋諸国と違って、経済を重要視する意識はなかった。そのため、これが大きく影響して、農村、農業、農民を中心にする農業中心主義になった。そのことにより、ベトナムの都市は他とは異なる生活様式が伝統となった。伝統的な都市の区域では農村の特定の部分だけの発展が見られたが、都市全体の発展にはつながらなかった。特に北部の都市の社会生活組織は村社を中心にするものであった。昔のベトナムの都市は農村の集まりであり、村門、隣人組織、血縁集団、地区の境界、地域の守り神、掟、年貢等で構成されたコミュニティ単位のものであった。農業に付随する手工芸などもあったが、この時代のコミュニティは農村の範囲を脱していなかった。

　17世紀から18世紀にかけて、西洋、中国、日本などの外国人との経済関係が広がりを見せた。フォー・ヒエン（Phố Hiến）、ホイアン（Hội An）など多くの新興都市で商業が盛んになった。しかし、これらの新興都市は封建王朝の政策変更と外国の商人の狭間で歴史的に多くの浮き沈みを経験した。

(b) フランス植民地時代（1858－1945）

　フランスによる植民地化政策によってベトナムはフランスの支配下に置かれた。1858年から1883年の半植民地時代を経てフランスの植民地化政策が実施され、その後2回の大きな政治改革が行われた。フランスの文化やライフスタイルが広がり、わずかばかりではあったが資本主義スタイルの生産経営も大きな都市ではじまった。それと共に昔から踏襲してきた慣習は廃止され、村の自治制度が合理化されることもあった。しかし、フランスの影響によりベトナムが発展することはなかった。

　フランスはベトナムの資源を搾取して宗主国に運ぶために、主な旧都市を結ぶ道路網を建設した。それにともなって作られた新しい都市には政治、経済、文化、社会統制などの役割が与えられた。それは、長期滞在するフランス人と一部のベトナム人のためのライフスタイルを実現する場所であった。このことによりタンロン―ハノイ（ThăngLong- Hà Nội）、ハイフォン（Hải Phòng）、ナムディン（Nam Định）、ダナン（Đà Nẵng）、サイゴン―チョロン（Sài Gòn -Chợ Lớn）などの都市が拡大し発展した。また、性質は異なるがハイズオン（Hải Dương）、クアンニン（Quảng Ninh）などいくつかの地方都市もこの時代に拡大した。例えばハイフォンは小さな村からベトナム全土で一番大きな商業港へと変貌した。サイゴン―チョロンの発展はちょっと特殊であった。この地域は植民地政策がはじまると南部の植民地政権の政治的中心になった。その影響により経済面で一番の中心地となった。ダナンもフランス統治時代に拡大された港町であり、交易によって栄えた。

植民地化政策が始まった当初の1884年、一般的な都市の人口は2,000人ほどであったが、1943年にサイゴン―チョロンの人口は約49万8,000人、ハノイは11万9,700人になった。1954年にダナンの人口は5万人になった。フランス統治時代に都市は以前より発展し、規模も拡大したが、文化や経済の好影響が及んだのは小さな範囲に限られていた。一般的には都市が発展すれば人口も増えるが、フランス統治時代の1931年時点でベトナムの都市人口比率は7.5%にすぎなかった。これはその時代の世界平均であった31%よりも大幅に低い水準であった。

　フランス統治時代の都市は3種類に分類されていた。

　　1級都市―フランス大統領直轄：サイゴン、ハノイ、ハイフォン
　　2級都市―インドシナ全権大使管轄：チョロン、ダナン、ナムディン
　　3級都市―各省の直轄でありインドシナ全権大使が指定し省知事が
　　　　　　運営する都市：ダラト、ハイズオン、ヴィン―ベントゥイ、
　　　　　　バクリエウ、カントー、ミートー、ラックザー、タインホア、
　　　　　　フエ、クイノン、ファンティエト、ヴンタウ、ロンスイェン、
　　　　　　バクニン

　概して、フランス統治時代の都市は"市"の部分が発展した。特に、それまで小さな地方都市だったところで商業が発達した。しかし、そうした小都市で"都"の部分、つまり行政の役割を果たしたのは植民地政権の駐屯地であり、ベトナムの資源を搾取して本国へ運ぶ機関であった。

（c）1945年から1975まで

　第二次世界大戦終結後のベトナムの南北分断、そして南北統一まで

のこの時代はベトナムの歴史で特記すべき時代である。南北分断の時代にベトナムには機構が異なる二つの政治体制、二つの経済制度、二つの社会が存在していた。そのため都市の開発や都市化の過程についても異なる特徴があった。

　1954年から1964年の北ベトナムでの都市化の成功は工業化による結果であった。この時期に初期工業都市のネットワークが形成された。戦争が激化し、北爆がはじまった1964年以降、アメリカ空軍による破壊をのがれ、被害を最小限にするため、重要な工場と一部の都市住民は高原地帯や山間部に疎開した。それが主な原因となり都市の瓦解化が発生した。南ベトナムでは、解放村（北ベトナム支配地域）の影響を抑えるため、アメリカ傀儡政権は迫害や弾圧によって農村を平定し、数百万の人々に故郷を捨てさせて、都市に強制移住させた。移住先は大きな都市が多かった。この強制移住によって都市の人口比率は劇的に増加し、1960年の15％から1970年は60％に上昇した。この期間にサイゴンでは人口が30万から300万の10倍増となった。ダナンではさらに多く、2万5,000人だったものが12倍増の30万人になった。戦争は都市化過程を強制的に加速させたが、そのためサイゴンの人口密度は世界一の1平方キロあたり3万4,000人となった。

(d) 1975年から現在

　南部解放により統一されて戦争が終結すると、農村から強制移住させられていた人々が故郷に帰ったため、都市人口比率は減少した。1975年に21,5％であったものが1981年には18,6％となった。1981年より再び増加しはじめて、1982年19,2％、1985年19,3％、1989年19,7％

となったが、増加速度はゆっくりとしていた。この時点の都市化成長率がきわめて遅い。その要因としては、非近代的な社会機構が依然として残り、閉ざされた住民の管理や堅苦しい形式主義が都市の経済成長を阻害していたためであった。

　1986年にドイモイ政策が正式に採択された。ドイモイがはじまって最初に変化したのは市場経済であった。工業化が強く推進され、近代化が進んだ。そして、ベトナムではかつてなかった速度で都市化過程が進行しはじめ、現在の都市人口比率は29,6％になった。また、農村部の人口増加率が年0,4％に対して都市部の人口は年3,4％増加している。中でもベトナムの東南部で増加が著しく57,1％も増加した。ベトナムには人口712万人のホーチミン市と人口644万のハノイ市があるが、この二つの都市はアジア太平洋地域でもきわだって人口が多い都市である。

　現在のベトナムは都市化の過程にあるが、都市人口や人口比率の量が単純に増えたことだけでなく、都市の"質"も変化したことが観察できる。社会構造や経済機構が変わったことで住民のライフスタイルや労働形態、そして文化の形態まで変化した。しかし、交通インフラと都市経済の面では変化は見られていない。

　ベトナムの都市化過程では様々な課題を克服しなければならない。現在、交通インフラをはじめとして都市住民からの生活要求などの解決が求められている。また、都市生活地域での環境汚染も解決しなければならない問題である。

　現在の都市の管理及び計画作業は現状の変化に追いつくことができず、後手に回ることが多い。そのため、部分的には完成していても全

体から見ると無計画な断片的解決となっていることもある。これは、ベトナムの都市化におけるもっとも特徴的な点である。ベトナムにおける一般的な都市管理では、計画に必要な専門家が不足し、分散型で効果の少ない措置がくり返されている。特に問題となっているのは環境汚染と交通問題そしてさまざまな違法建築である。

　主に農村部から都市へと人口が野放しに流入したことで、都市の住民構造は複雑になった。急激な人口増加により失業、貧困、社会悪や犯罪の増加などさまざまな問題が都市で発生した。その他にも中産階級の多様化、収入の多層化、地域社会で異なる生活様式の発生などの問題もある。新たな市場メカニズムのもと、都市の問題は急速に複雑化している。これは、早急な都市化に伴う避けられない過程なのかもしれないが、社会管理が行き届いていないこともいなめない。ベトナムには長く続いた農村社会というバックグランドがある。その悪い面だけが残って今日の管理を非効率なものにし、近代化を妨げている。現在でもベトナムの社会管理方式は農村モデルをそのまま引きずっているのである。[3]

　都市の発展に管理が追いつかない場合、不適切な都市開発となる。それに加えて都市の区画整理などが困難になる。現在のベトナムは都市化の過程にあるが、農村社会から脱却しきれていないのが現状である。

　急速な都市化の中で市場経済と国際化が広がり、ベトナム都市住民の生活基盤は物心両面で急速に近代化した。ソフトとハードの両面で

---

[3] Võ Văn Kiệt "Bài phát biểu tại hội nghị đô thị toàn quốc lần thứ hai tổ chức tại TP HCM" Tuổi trẻ　7・27・1995

さまざまなものを受容する状況でもっとも懸念される点は、正しく選択されることなく外部からのものを無秩序に受け入れることである。例えば、都市の町並みを見ても、現代的ではあるかもしれないが観賞に耐えないような建物がとても多い。都市生活の文化面も同じで、住民の一部には個人主義的で、消費生活を楽しみ、過度の実利追及に走る人がいる。家庭や地域社会の支柱である伝統的な関係よりも実利が優先されることがある。

　現在のベトナムは工業化の過程にあり、近代化と国際化が推進されている。全体的にはよりよい方向に変化しているが、都市内部には解決困難なさまざまな問題がある。これはあまりにも速い都市化に管理が追いついていないことに主な原因を見いだせる。今後都市化を推進するには、実施が急がれる企画や計画以外は長期を見据えた堅実なビジョンが必要である。

　ベトナムの都市化の歴史を客観的にみると、他では見られないような多くの浮き沈みや停滞があった。今は加速度的に都市化が進行しているが、世界的に見ればいまだに都市化率や都市居住率はけして高くはない。

第二章　ベトナムの都市化とライフスタイルの変遷

Ⅰ．ライフスタイルの文化的考察

　都市のライフスタイルは私的な文化環境と既成の公的な文化構造によって成立する。このことは公的文化と私的文化のコンセプトが織り成す相関作用と密接に関係していることが知られている。

1．文化とは

　文化をわかりやすい言葉で説明するならば、それはとてもすばらしい創造過程であり、世界をよい方向に変化させるものといえる。その意義は、一般の人々の日常生活にもある芸術であり、文学、絵画、音楽、演劇、建築などさまざまな形に変化して存在する。これは文化を狭義にとらえた理解である。

　文化を広義でとらえることは簡単ではない。それは、人々の喜怒哀楽であり、限られた美意識の判断基準や故人が残した価値観でもある。人は真理、善、美に向けてすばらしい決まりごとを創り続けてきたと、カール・マルクスは述べている。

　文化は人間が創り出してきたものである。祖先が歩んできた長い発展段階の表現であり、有形無形の価値を創造してきた結果である。コミュニティを構成するすべての人の行動の結果であり、有意志と無意識双方の自己価値を高めるものである。人によって認識はさまざまであるが、我々の一般常識として、文化とは創作活動の成果を指す。また、文化基準に適合しているかいないのかという概念は行動の規範ともなる。そして他のグループと接触したとき、その文化の水準や違い

を比較することで、互いの理解や自己の問題発見ができる。

　文化とは聡明な人類の創造物である。しかも、静的なものではなく変化し続けている。人類が発展する中で、文化は野生を飼いならし、環境に適応した生活を営む助けとなってきた。自然の本能ではなく、人間が創造してきたことこそが社会の本質であり、文化の真髄である。人類の歴史の中で、人間は文化によって生存を確保しながら発展してきた。自然界の中では人間だけが文化を創造できる。人間は文化を獲得し、継承しながら発達してきた。また、文化は常に形式が変化しながら豊かな恩恵を与えてきた。

　文化の概念はとても広く、抽象的である。したがって、文化概念へのアプローチはさまざまな角度から多くの階層に目を向けるとともに、関連する事象も考慮しなければならない。多くの場合、特定の一面だけが強調されがちだが、目的に応じた方法と適切な角度で文化を定義するべきである。ここでは以下のように現代の文化アプローチをさまざまな角度から10のグループに大別してみた。

グループ1

　このグループは人類学の角度から文化にアプローチするもので、全体的な活動形式、風俗やその根底にある考え方の分類である。文化とは人の創造物をすべて集めた倉庫のようなものだとする。

グループ2

　アメリカの言語学者エドワード・サピア（Edward Sapir(1884-1939)）は「文化の主体は自分自身であり、野山でそれぞれ暮らしていた人々が社会を作ることで複雑な習慣や生活方法を伝統として継承する」とした。これは主に歴史的視野からの文化アプローチであり、文

化の安定性という観点から伝統を考え、社会の継承プロセスに注目したものである。

グループ3

これは文化の起源から考える定義である。例えばハーバード大学で社会学を創設したアメリカの社会学者P.A．ソローキン(Pitirim Alexandrovich Sorokin(1889-1968))のような考え方に代表される。ソローキンは「文化とは創造物の合計であり、有意志の活動と無意識の活動が互いに影響したもの」であると記している。[1]

グループ4

文化を価値からアプローチする考え方。文化とは民族や人間の精神であるとともにすべての物質的価値の統合であると考える。これはアメリカ人社会学者W.I.トーマス(William Isaac Thomas、1863-1947)に代表される考え方である。トーマスは物質的価値と任意集団の社会による実践的行動が文化であるとしている。

グループ5

これは心理学的観点から文化を捉えようとする考えであり、環境への適応過程と学習および習性などに注目する。これを提唱したのはイエール大学教授ウィリアム・グラハム・サムナー(William Graham Sumner(1840-1910))である。教授は門下生や同僚の教授らと研究し「人間が生活条件に適応する全体像が文化・文明である。この適応には変化の要領や選択、伝達、継承が含まれる」としている。[2]

---

[1] Phạm Thái Việt , Đào Ngọc Tuấn :Đại cương về văn hóa Việt Nam, Nxb.Văn hóa thông tin,Hà Nội 2004,tr.12

[22] Phạm Thái Việt , Đào Ngọc Tuấn :Đại cương về văn hóa Việt Nam, Nxb.Văn hóa thông tin,Hà Nội 2004,tr.12

グループ6

　このグループは主に社会学から文化へアプローチして明らかにしようとするものである。文化とは人間が生活の中から学んで獲得したものであり、過去の遺産などではなく社会的実践であるとしている。

グループ7

　文化を構造物として捉えようとする考え方である。人間が互いに影響しあいながら一つの系統を構築するというもので、アメリカの人類学者ラルフ・リントン（Ralph Linton、1893-1953）などの考え方である。人間が集まると多かれ少なかれ組織化と分離をくり返し、そこに出来上がるのが文化である。また、文化とは行為の結合であるが、社会を構成する人員の承認と継承によるものだとしている。

グループ8

　文化とは各個人の考えであるという定義。文化とは考え方のつながりであり、言葉や模倣によって個人から個人へと伝達されるものとしている。

グループ9

　文化を構築されたものとして捉える考え方。文化は個人の物質や行動が組織化された特殊な現象であるとしている。

グループ10

　文化を文化組織から考えるもので、UNESCOが定義する文化の概念である。文化とは社会が発展して生まれたエッセンスであり、人間の活動と補正が後から認知されたものだとしている。

　このように多くのアプローチがあり、それぞれの文化定義はさまざまである。しかし、世界の研究者が認める定義は基本的な部分で類似

している。文化とは生活過程が進歩して、人間が自分自身で創造した有形無形の獲得物である。天然の生活条件のなかで世代を重ねながら、人間がどうやって生き抜いてきたのか？その答えが文化概念の中心軸であり、都市文化と都市特有のライフスタイルをかたち造ってきたといえる。

自然環境など絶対的な条件に自分たちの主観的条件を適応させて、人間と社会は文化を推進させ発展させてきた。文化の一般的特徴とは人間が活動してきた結果の反映である。発生した文化は世代から世代へと伝承される。そして異なる文化と交流することで、さらに充実したものになってきた。

文化の認定は4種の要素から成立すると考えられている。すなわち、人間が創った継続的価値、標準的な基準、構築物、生産物である。ここでいう価値とは物の値段ではなく、文化的価値の意味である。この4種類の要素は世代から世代へと伝承される。概念や観点を含むこれら価値の系統は文化の基本要素であり、もっとも重要な意義がある。経済、政治、歴史などの特定の条件内で普遍的な基本的価値を人間は恒常的な行動によって創造してきた。価値系列の柱となる基底的要素として、自然環境を理解し、生活を改善してゆく知恵が人間の社会にはある。発展の過程でこの要素は単なる経験の積み重ねから科学のレベルに昇華した。

価値あるものか？そうでないのか？という視点に基づけば、文化的規範とは個人や地域社会の生活条件を改善する社会的な欲求と行動によるものである。一般的にそれは日常生活の雛形として表れ、各コミュニティの慣例となり、やがて伝統となる。すばらしい文化は誰もが

取り入れ、継承されながら広がり、実際の生活に役立てられる。

　文化の構築とは流布した価値が発展して標準となり社会的構造となることである。血縁集団、村、地域など社会組織にはそれを広める機能があり、文化が発展する。それは文化の社会的機関である部署あるいは寺院、集会場、共同住宅などの単位で広がる。そして最終的に文化がかたち創られる。

　文化の媒体は本質的には価値を運ぶものである。人間は文化価値や規制の範囲内でさまざまなものを創り出してゆく。そして、その創造物は多様化して内容が充実してゆく。各コミュニティの歴史的状況と生活環境の中での発展状況を反映しながら、"美"や"善"など普遍的価値を追求して完成をめざす。世界の多くの地域においてこのような発展形式がみられる。文化のレベルと文明のレベルが同じ場合、文化と文明は同一視される。しかし、実際には理解能力や創造能力、物質的・精神的享受などにより、文化と文明の概念は区別されるべきである。文化とは人間が究極的に追い求める普遍的価値、例えば美しい創作芸術などの具体化である。

　一方、文明とは生活を拡大させる物理的な技術の集成である。この基準により我々は古代文明、中世文明などと区別することができる。それを年代順に区別したり、エジプト文明、中華文明などと地域で区分したりすることもある。また、生産技術の内容によって農耕文明、工業文明などと言い表すこともある。

　文化の基底を成す要素は価値であり、価値こそが文化の主体である。多くの場合、文化発展の発現レベルは文化的な生産、創造的なエネルギーと人間の精神の価値基準で最も明確になる。文化の発展は本

質的には価値の開発である。進歩の標準化、創造能力、価値の恩恵を享受できる能力、そして総合的な発展をめざす精神が文化の発展を推進する。

2. ライフスタイルに対する見解

　文化の概念と同様、ライフスタイルにも異なる多くの概念がある。それは経済、社会、道徳、思想、世界観などによってさまざまとなる。また、社会・経済の形式や文化、歴史との関係を見てもこの概念は単純ではない。社会学、人類学など多くの研究者が異なる角度からこの問題にアプローチしてきた。ライフスタイルの概念に含まれる要素は研究者のアプローチ方法と目的で決定する。古典的共産主義理論のなかでもマルクスとエンゲルスがライフスタイルの概念と生活について議論している。マルクスとエンゲルスの著作「ドイツイデオロギー」（Die deutsche Ideologie）のなかで、「個人のライフスタイルより高い次元に生活のライフスタイルがあり、生産方式が一定のライフスタイルを生み出す」としている。[3]

　彼らは社会の物質的な生産様式と人間のライフスタイルが密接に関係していることを明らかにした。今日では、これがマルクス主義によるライフスタイルの概念として知られている。これは、コンセプトとしては十分な概念といえるが、唯物論の視野で完全にライフスタイルを捉えたものだと言えるだろうか。この見解では、ライフスタイルと社会の生産様式は別の次元にあり、人間と社会は、生産様式だけで結びついていることになる。

---

[3] C.Mác, Ph.Ăngghen: *Tuyển tập*, Nxb. Sự thật, Hà Nội,1980, 269page

第二章　ベトナムの都市化とライフスタイルの変遷　31

　ライフスタイルは人間や社会の意識、思考、感情、価値観と完全に同一ではない。しかし、それは人間や社会の表現と意識を反映したものである。ライフスタイルとは、人間や社会の活動によって表現されるものである。そして、生活を支える経済活動の条件と生産方式の直接的な影響の下に政治や社会、文化が成立する。

　人間の生活条件によってライフスタイルは制限される。しかし、それはライフスタイルの均一性を意味するものではない。それでは人間の生活条件が変化してもライフスタイルを継承しようとする現象を説明できない。また、生活条件が同じでも、人間の意識や価値観が異なればライフスタイルはさまざまに変化する。

　ラドゥーギン（A.A.Radugin）は、ソビエト文化百科事典でライフスタイルのことを「特定の社会的背景での歴史的な特定の時点による個人と社会集団や社会全体の生活活動の全体的な性質」と定義している。それによると、生活様式は中世ルネサンスのライフスタイルから分岐した基準によって都市部や農村部などで現代のライフスタイルが確立したという。このようなコンセプトにより、ラドゥーギンは、ライフスタイルを「特定の社会的背景での歴史的な特定の時点による個人と社会集団や社会全体の生活活動の全体的な性質」と定義している。それによると、生活様式は中世ルネサンスのライフスタイルから分岐した基準によって都市部や農村部などで現代のライフスタイルが確立したという。

　別のロシア人研究者ビクツギエフ（I.V. Bextugiep）は、これと異なる定義でライフスタイルを人間の生活の動作モードとして解釈し、生活の最も重要な基盤となる構造の活動領域であるとした。よく

知られている領域として労働、生活、政治、文化などがあるとしている。[4]

一方でソビエト社会科学アカデミー会員のV．ドボリヤノフ（V. Doborianop）は「ライフスタイルは、個人的な活動を社会的関係システムとして主観的に捉えたもので、人間の活動において具体化する全体的な生活条件」としている。[5]

この定義からわかるように、ソ連の研究者は基本的にはライフスタイルを個々の生活や地域社会の生活を中心とする活動様式という立場に立っている。インターネットから引用した一般的な解釈によると「ライフスタイルは、文化の重要な構成要素と考えられ、文化と同一視されることも少なくない」とある。

J・Jary と D・Jaryの概念によると「文化は世代から世代へと伝達され、全体の活動、ライフスタイル、芸術、信仰や社会の機構として定義することができる。文化とは社会全体の生活様式である。そこには「衣装、言語、宗教、儀式、法律や倫理などの規範、信頼関係、美術や飲食などの様式の同調性がみられる」とのべている。ライフスタイルは文化の重要な要素とみなされる。[6]

ベトナムでは最近、ライフスタイルをさまざまな角度で検討するようになった。私が調べただけでも、ベトナムの研究者が発表した数多くの定義が存在する。

---

[4] Lê Như Hoa: *Bản sắc dân tộc trong lối sống hiện đại*, Viện văn hóa và Nxb. Văn hóa thông tin, Hà Nội, 2003, 19page

[5] V. Đôbơrianốp : *Xã hội học Mác – Lênin*, Nxb. Thông tin lý luận, Hà Nội, 1985, 213page.

[6] D. Jary, J. Jary: *The Harper Collins Dictionary of Sociology*, Edited by Jonathan Smith, San Fancisco, Harper, 1995, p.101.

第二章　ベトナムの都市化とライフスタイルの変遷　33

　チャン・ヴァン・ビン（Trần Văn Bính）と彼のグループは「ライフスタイルは社会学的なカテゴリーであり、人間の生活の全体的な活動の概要である。階級、社会集団、個人などが一定の社会経済条件で規定される労働と享楽の発現であり、人と人との関係として精神と文化の中に成立する」としている。[7]

　フイン・カイ・ヴィン（Huỳnh Khái Vinh）によるとライフスタイルの概念は生活の概念より上位にあり、その定義では「生活の全体が一般的な活動を形成し、一定の社会経済条件で統一された社会的価値と安定が人々の生活を機能させる。ライフスタイルとは、人間の生活条件のすべてと生産形式の規定である」としている。[8]

　チャン・キエウ（Trần Kiều）、ヴ・チョン・リー（Vũ Trọng Rỹ）、ハー・ニャット・タン（Hà Nhật Thăng）、リュウ・トゥー・トゥイ（Lưu Thu Thủy）の研究グループによる定義もある。「ライフスタイルは考え方であり、活動、習慣、学習、コミュニケーション、動作などを個人またはグループで独自のものを創造する行動技術である」としている。[9]

　グエン・チャン・バット（Nguyễn Trần Bạt）の意見はとても興味深い。「ライフスタイルとは理想的な品質をめざす習慣であり、すべ

---

[7] Trần Văn Bính (Chủ biên): *Văn hóa xã hội chủ nghĩa*, Nxb. Chính trị quốc gia, Hà Nội, 1997, 211page.

[8] Huỳnh Khái Vinh: "Kế thừa và phát triển nếp sống thanh lịch của người Hà Nội trong thời kì công nghiệp hóa, hiện đại hóa đất nước". Xây dựng tư tưởng, đạo đức, lối sống và đời sống văn hóa ở thủ đô Hà Nội trong thời kì đẩy mạnh công nghiệp hóa, hiện đại hóa, Viện văn hóa và Nxb. Văn hóa thông tin, Hà Nội, 2001, page.66-67.

[9] Trần Kiều, Vũ Trọng Rỹ, Hà Nhật Thăng, Lưu Thu Thủy: thực trạng và giải pháp giáo dục đạo đức, Nxb. Văn hóa thông tin, Hà Nội, 2001, page.10

ての文化的構造体をまとめるための方法である。それは個人あるいは団体の文化的特徴である」と定義している。彼は「ライフスタイルには労働のあり方、食事のあり方などの多くの要素が含まれている」いう。さまざまな風俗習慣、さまざまなコミュニケーション行為、各個人の道徳規範などもその要素だと規定している。[10]

最近、ファム・ホン・トゥン（Phạm Hồng Tung）の新しい研究が発表された。それによれば、ライフスタイルは任意の方法で定義されているが、日常生活の中にある実際のプロセスだけが重要だとしている。ライフスタイルは文化の重要な一部分であるが、文化とは同一ではなく、縦と横および双方向から見なければ明らかにならない。縦方向の視点でライフスタイルを見ると階層の少ない文化の水準が見える。同時に実生活での理論的な価値観や価値体系などで生活文化の深度がわかる。ライフスタイル文化を縦軸から研究する目的は、それを探求して文化と生活という異なる二つのカテゴリーの実質と傾向を明らかにするためである。横方向の視点で見ると文化とライフスタイルは完全に一致しているように見える。人間の生活行動のすべては文化を実現するためだけにあるように見える。そこで、トゥン氏は文化とライフスタイルの分別に必要な3項目を指摘している。

① 文化の価値を認めるのは個人と団体だけであり、それを実現して生活に取り入れた結果がライフスタイルである。人間のライフスタイルは統一文化の背後で常に多様化している。

② 生活行動とライフスタイルは同一ではないが、私的と公的、特定と一般など互いに関係し合っている。生活活動で何度もくり

---

[10] Nguễn Trần Bạt:Lới sống, http://www.chungta.com

返して出現するため個人のライフスタイルの一部を構成すると考えられる。

③ ライフスタイルとは現在あるもの、文化はそれに至る歴史を含む。しかし、ライフスタイルには生活の歴史が内在している。過去からある現象と現在の現象の研究は研究者にとって大きなテーマといえる。[11]

ドイモイ政策実施以後に国際化した現代ベトナム人のライフスタイル観とその特徴を国レベルで分析する研究もある。グエン・ゴック・ハー（Nguyễn Ngọc Hà）の提唱するライフスタイルの概念は他と大きく異なっている。ライフスタイルとは生活習慣を含めた人間の行動の様式とする。習慣、慣習、伝統、振るまい、着方、食べ方などの生活習慣とライフスタイルは密接に関係している。人間の思考は動物と同じではない。特定のコミュニティの生活様式の研究によって、私たちは地域社会とその構成員のことを知ることができる。それとは対照的に個人の生活行動に注目することで、生活環境と生活の質によって個人の人間形成と発達およびライフスタイルへの影響を考えることができる。[12]

上記のライフスタイルに対するアプローチから、独特の機能以外はかなり均一なコンテンツであることがわかる。もし均一でなければ人々（個人、コミュニティ、民族）のライフスタイルに混合や重複お

---

[11] Phạm Hồng Tung: 'Nghiên cứu về lối sống: Một số vấn đề về khái niệm và cách tiếp cận", Tlđd, pp271-278

[12] Nguyễn Ngọc Hà: "Nghiên cứu đặc điểm tư duy và lối sống của con người Việt Nam hiện nay: một số vấn đề cần quan tâm", tạp trí Triết học, số 5, 2009, 69-71page

よび相互支配などが発生し、複雑で混乱した社会関係が形成されてしまう。人間のライフスタイルはその関係に4種類の行動様式があると思われる。その4種のうちもっとも基本的な人間関係、つまり雇用関係、他人との関係、自分自身との関係、自然との関係が過度に多様化してしまう。

　この問題を検討していて言えることは、ライフスタイルとは与えられた生活条件の中で個々の生活や地域社会の活動を実現する方法ということである。特定の社会条件の中でさまざまな方法を駆使して、自分たちの豊かな生活を実現する方策である。人間の生活のすべての活動によって示されるライフスタイルの特性には、物質と精神の関係における基本的な性質の全体があり、個人、社会、民族および国際的な状況に左右される。価値体系、社会規範としての内面のコンテンツと、それぞれの文化的行動の深さはライフスタイルと直接結び付いている。したがって、ライフスタイルを正しく理解するためには、文化と一体となり精密な観察をしなければならない。なぜなら、実際の価値基準は文化のステレオタイプとして達成されたものがライフスタイルの中核をなしているからである。そのため、これまでに紹介してきた定義は、都市コミュニティのライフスタイルを研究するそれぞれの研究者の指向とアプローチが正しいことを証明している。

　ライフスタイルはその質と量の二つの面から成立している。ライフスタイルの品質面を規定する要素は社会の政治制度、社会的特性、階級、文化的背景などである。一方、量的側面を規定するのは生産と消費、賃金や所得などの発展レベルである。しかしながら、この二つの面を分離することはできない。ライフスタイルとは質と量の双方から

見なければならない。ライフスタイルを奥深いところまで調査するためには、質と量の相互作用を十分に考慮しなければならない。ライフスタイルの質を考慮しなければ量的側面を知ることはできない。また、ライフスタイルの量的側面と質的側面が相伴って上昇すると、質と量がともに実質的かつ持続的に向上することができる。

3. 生活水準と生きがい

　ライフスタイルを論ずるならば、生活そのものについても十分に検討しなければならない。ライフスタイルには、すべての人とコミュニティが普通に生活する上でそれぞれの"生きがい"が関連している。個人やコミュニティはその重要性を認定した価値に沿った生活を行う。生きがいとはライフスタイルの主人公であり、その理想を追及したようなものである。生きがいにはライフスタイルを方向付ける機能があり、その世界観は人々の人生観となる。健全な生活をしている人は、生きがいを目標として積極的なライフスタイルの形成にとりくむ。そのため、生きがいによってライフスタイルは左右される。理想のライフスタイルに近づくため、毎日の生活のなかで生きがいが序々にそして自動的に望む方向へと向くように生活の舵を切る。[13]

　このように生きがいとライフスタイルは密接な関係にある。個人のライフスタイルが形成されるとき、生きがいという条件が課される。それは行動のガイドラインであり、影響されて徐々に変化してゆく。

　生きがいとは行動様式を通じてライフスタイルの向かう方向を決める

---

[13] Nguyễn Văn Chức (Chủ biên): Nếp sống người Hà Nội, Nxb. Văn hóa thông tin, Hà Nội, 2003, page24.

中核のように考えられるかもしれないが、すべての人の生きがいが、実際にその役割を果たしているのはコミュニティの外側部分である。

　生活様式の概念とライフスタイルの概念は密接に関連している。生きがいに方向付けられた生活習慣や基本的な価値指向が自己の生活様式となる。これらの習慣は生産的労働、消費、生活、コミュニケーション、仕事の場や公共の場での行動、文化活動、信仰など人の生活の多くの分野で具体化する。そして、生きがいは一度確立すると、それが確立された行動パターンとなる。この特性により生きがいは伝統となり、伝統を重んじる家族から別の家族に、世代から世代に伝達され、個人、地域社会、国家のライフスタイルが安定化すると考えることができる。生きがいの習慣や行動パターンを継承することで、ゼロの状況から習慣や行動パターンを作成する必要がなくなる。[14]

　生きがいは安定化したライフスタイルをもたらす。生きがいが社会的に確立していれば、過去の歴史のようにゼロから開始する必要はなく、回り道せずにすむ。生きがいの確立は人間社会のライフスタイル開発の重要な過程である。そのため生きがいはライフスタイルより持続可能な安定した特性を持っているが、それは変化しないという意味ではない。

　生きがいとともに生活様式と生活水準はライフスタイルと密接に関連し合っている概念である。ラドゥーギン（A. A. Radugin）によると、ライフスタイル研究の意義は、人間の生活活動の主な分野である労働、慣習、文化、地域社会活動の関係を調べることによって、社会

---

[14] 以前のベトナムには多くの普遍的な風習が存在したが、現在ではその大多数が風化、形骸化して、いまや風習と風俗は同意語のように扱われている。

第二章　ベトナムの都市化とライフスタイルの変遷　39

の生活水準や生活の質、経済システムに基づく彼らの行動の原因や動機を見つけることだという。[15]

　生活水準とは一般的に生活条件の社会的な尺度だと考えられている。生活物質の充実度、個人の自由度、民主的社会制度、生活の質など全体のレベルはその国での標準の尺度と考えられる、とラドゥーギン（Radugin）は述べている。そのため、生活水準とは文化を評価する項目の一つであると考えることができる。[16]

　これらの研究から生活水準の概念をアプローチするのには2つの方法があることがわかる。まず、人間の精神生活と物理的なニーズに対する満足度が一致するかどうかという調査。そして、社会情勢、政治、物質的な富の生産レベル、生態系環境などが生活水準と一致するかという観点である。

　どちらのアプローチでも、ライフスタイルと生活水準との間に強力な関係があることを発見できるだろう。「生活水準は社会・経済と物理的なニーズが精神的に満たされているかどうかを評価するために使用される」と研究者ヴォー・ヴァン・タン（Võ Văn Thắng）は述べている。[17]

　特定のタイムラインにおいて、特定の社会の精神的欲求が満たされて

---

[15] A. A. Radugin: Từ điển Bách khoa Văn hóa học, Viện Nghiên cứu Văn hóa nghệ thuật, Hà Nội, 2002, page313.
[16] Từ điển Bách khoa Văn hóa học, Viện Nghiên cứu Văn hóa nghệ thuật, Hà Nội, 2002, page313
[17] Võ Văn Thắng: Xây dựng lối sống ở Việt Nam hiện nay từ góc nhìn văn hóa truyền thống dân tộc, Nxb. Văn hóa thông tin và Viện Văn Hóa, Hà Nội, 2006, page39.

いれば、生活水準の物理的生活条件の目標レベルは達成されていると考えることができる。そのような定義と目標設定でみてみると、生活水準は、ある生産方法の労働や利益の分配方法などの欲求が満たされているかということを反映した尺度である。精神と物資面両方における重要な要素は、個人やコミュニティの生活の質を創出し、ライフスタイルの向上に貢献する。物理的な生活条件を比較する場合、特定の生活様式の枠組みの中で、生活水準はライフスタイルの概念の補完的な考え方となる。また、このことは、ある集団と他集団とを精神的に比較するとか、同じ集団の生活環境や期間を変えて比較しても同じである。生活水準は、定義された要素だけではなく、集団の識別やライフスタイルの評価のための基本的な根拠となる。しかしながら、生活水準とライフスタイルは同一でないということにも留意すべきである。

　我々はデータの値だけで高低、正負、前進的か逆行的かなどと簡単に判断することがあるが、文明の尺度は単純ではない。高い生活水準は人間社会の目標の一つである。そのため、生活水準はライフスタイルを単純化したもののように考えられることがあるが、それはライフスタイルを評価する上で重大な誤りにつながる。

　ライフスタイルの現象面だけ捉えて、生活水準と同じようだと説明することはできない。もし、そのコミュニティが進歩的に文明化されていれば、構成員の生活水準が高くなくてもアクティブなライフスタイルが可能である。逆に言えば、集団の中で高いレベルの生活をしている個人やコミュニティがあっても、他の集団のレベルがさらに高けスタイルと生活水準の関係は「比例」や「反比例」のような直線的な関係ではない。

社会の一般なレベルを考えた場合、物質的な生活水準は直接社会のレベルを反映する。それは、生産や科学技術だけでなく、文化や精神的な生活環境にも影響する。生産手段が初歩的な場合、労働生産性は低く、科学技術はまだ開発されていない。そして、労働生産性が低いならば、生活水準も向上しない。しかし、優れた生産手段を使うようになれば、労働生産性は高まり、技術開発や科学の向上により人々の生活水準は上昇する。これは生産や科学技術に関連して生活水準が向上する発展の公理である。生活水準とは異なりライフスタイルにはこの公理が当てはまらないが、生活環境の高い基準はアクティブなライフスタイルと進歩を構築するための重要な基礎である。そのうえ、よりよい生活や家族、地域社会、社会建設への貢献が可能となる。人間の心身の能力開発を強化するために必要な生活条件を改善する働きがあるのである。文明化されたライフスタイルのなかで、進歩が低いレベルの生活を維持し続けることはできない。一方、生活水準が高いだけではアクティブなライフスタイルと進歩の十分条件になりえない。それゆえ、生活水準を引き上げることは個人的な願望だけでなく、人間社会の主要目標でもある。しかし、それは進歩に応じて文明化されたライフスタイルを獲得する唯一の方法ではない。

4. 都市文化と都市ライフスタイル

都市ライフスタイルは、ある特定の社会や人類共通の概念ではなく、実際には文化や生活様式、経済、自然条件などで異なる。都会の文化を学ぶ前に、文化的で都会的な生活様式含む都市ライフスタイルの外的条件である都市独特の空間と都市社会の特性を理解する必要がある。

(a) 都市と都市社会

都市とは「非農業経済を基盤とした様々な人が暮らす混雑した集中社会」というのが一般的な見解だろう。[18]

このような都市の概念は、組織の他のタイプ、例えば部族単位の集落や農村とは区別される。都市の役割は大きいが、それぞれの国でその概念は同じではない。例えば、米国政府の規定では都市群と都市区域の二つの概念に区別されている。都市地域（urbanized area）は人口5万人以下であり、人口5万人以上は都市群（urban cluster）と呼ばれている。米国の1950年度国勢調査で都市地域（urbanized area）という語句がはじめて使用され、その後、2000年の調査のときに都市群（urban cluster）という呼称が追加された。米国の国勢調査局は、平方マイルあたり少なくとも1,000人または平方キロメートル当たり386人以上の人口密度があれば、統計用語として都市と定義する。また、その下に500人／km²、193人／km² という単位もある。

一方、カナダは人口密度が1平方キロメートルあたり400人以上で、総人口が1,000人以上の地域を都市と定義している。中国では平方キロメートルあたり少なくとも1,500人の人口密度がある地域を都市としている。また、日本は平方キロメートルあたり少なくとも4,000人の人口密度で、人口密集地を含む連続した地域を都市と定義している。

ベトナムにおける正式な都市の定義は多くの規定によって区分されている。都市の区分には市、町、街区があり、国家機関が成立を認定する。そのため、都市の認定は国が定める開発レベルの要件を満たし

---

[18] G. Endruweit and G. Trommsdorff: Từ điển xã hội học, Nxb. Thế giới, Hà Nội, 2002, page151

ていなければならない。都市と都市管理の区分のための法律（2001年5月10日付、政令第72/2001/ND-CP）では次のように定められている。「都市は、総合センター（Trung tâm tổng hợp）あるいは専業センター（Trung tâm chuyên ngành）であり、国家と省・市などの地域社会及び周辺部の経済成長を促進する役割を担っている。人口4,000人以上で平方キロメートルあたりの人口密度は2,000人以上、非農業従事者の人口比率が労働者総数の少なくとも65％以上でなければならない。また、都市部の種類ごとに建設計画の規制と規格を策定し、居住地域のインフラのために指定都市面積の70％以上を提供しなければならない。

その後、政府による都市の分類を定めた2009年5月7日付、政令第42/2009/ND-CPが発表され、さらに建設省の2009年9月30日付通達34/2009/TT-BXDで前出の政令第42/2009/ND-CPの詳細内容の一部を特定した。それによれば「都市とは居住民集中地域で人口密度が高く、非農業を主な経済活動とする地域であり、中心部だけでなくその周辺部も含める。政治、行政、経済、文化、主要産業の中心地として、それを発展、推進する役割を有する」となっている。

ベトナム政府の法的見解では、都市を1型から5型および特殊型の6種類に分別している。この分類は都市機能の基本的な基準によって国が認定するが、基本的な基準となるのは人口の規模と4,000人以上の人口密度である。また、非農業従事者の人口比率は、都市の周辺部を含めない内部の境界線内で集計し、65％以上でなければならない。そして、インフラシステムは社会インフラと設備インフラを含む。建築基準と景観なども認定基準に含まれる。

これが現在の都市地域と都市系列の概念である。大都市圏は比較的大きな都市で構成され、社会の中心として経済的な関係、特に労働と生産、消費との関係が重要視される。また、周囲に緩衝地帯のように付属している衛星都市や農村との連携も重要である。そして、国と都市部または大都市と他の各都市は多くの場合、経済の中心として発展が相互に関連しあっている。

都市系列は通常、多くの市と大小の町そして郷が交通機関や道路によって相互に接続された地理的経済関係を構成している。一般的に系列内の各都市の自治体は他とは異なる特色を持っているが、同じ開発を行うことが発展の原動力となる。

都市が発展する過程は様々であるが、多くの場合2種類のパターンのいずれかに分類できる。一つは地域行政の中心地としてある地域に都市が誕生する形態。行政を中心に人が集まり、非農業従事者の割合が高い地理的領域へ人口が集中するケースである。もう一つは産業の社会的分業の結果として生まれた都市である。その都市は商業の集中によって形成され、商取引が盛んになると製造業なども区域内に発生する。

この2種類は異なってはいるが、都市が発生して発展する都市化の過程を経た結果である。都市化とは単純にいえば、多くの人が人為的に一つの生活空間へ集まることである。都市化することで、居住民の構成と分布が変化するだけでなく、ライフスタイルや社会生活の標準モデル、生活のパターンや習慣なども変化する。

したがって、広義の都市化とは人口と面積の増加に伴って文化と都市ライフスタイルが拡張する過程である。この概念によれば、都市化は少なくとも2つの兆候によって特徴づけられる。第一は人口や面積の

拡大、第二に文化と生活様式の拡大である。

　小さな集落が拡大して都市化する過程は、時間的な過程だが、空間的要素も重要であり、どちらかといえば空間的要素が主である。都市化とは、その中核が拡大して都市そのものが発展成立する過程である。この過程には、居住民の生活様式に関する技術インフラと社会的な都市化という二つの最も一般的な側面を含め、多くの側面がある。都市化は、その国のある地域に人口が集中しながら都市型のライフスタイルが一般的になり、都市のネットワークが拡張していく過程である。[19]

　また、実質的には都市が拡張するだけでなく、経済や文化など多くの分野とその機能が変化する多面的なプロセスである。例えば、都市ではない住宅地（農村部や未使用地域）を都市部に組み込むと、その土地には都市社会の属性が備わってくる。都市化過程の焦点は、農業従事者を農業から非農業活動、すなわち工業やサービス業へ移行させる経済構造転換の過程である。社会面では、農村中心の生活環境から近代的なインフラが取り込まれた都市ライフスタイルへ人口が移動することになる。そのため、都市化の過程では地域社会の文化や既存のライフスタイルが大きく変化することになる。

　都市ライフスタイルが都市化の過程により形成される主な構成要素と特徴的な属性を考えてみたい。すべての都市は二つの主要な要素群で構成されている。一つは物質的な要素と空間成分である。つまり、空間的環境の景観、建築、技術インフラなど人間によって造られた生

---

[19] Trần Trọng Hạnh: "Một số vấn đề về đường lối đô thị hóa ở Việt Nam, thảo luận tại Hội thảo quốc tế về Đô thị hóa và các vấn đề phát sinh từ thành phố Đà Nẵng, ngày 28-4-2005 tại Đà Nẵng

活環境である。農村部に比べて濃密に造られた都市の創造物、つまり人工の生活環境の中で自然に依存する比率の少ない生活をすることが可能となる。もう一つは社会組織の要素である。生活範囲のコミュニティ組織の一種であり、都市空間の領域内にあるすべての公的機関と民間機関や既存の法律など、有形・無形の要因が含まれる。都市の社会は農村とはまったく異なる。都市では人々が狭い居住空間に集中している。人間関係も多様かつ複雑であり、農村の暮らしとは経済構造も大きく違う。ここでは都市社会を構成する要素群を二つに分けたが、実際には互いに影響しあう密接な関係にある。社会的な側面を理解するためには、空間的側面からアプローチしなければならないが、その逆もある。つまり、都市社会は上記2種類の要素群が込み入った組み合わせで成立しているのである。

都市部の生活環境や個人のライフスタイルは農村部に比べるとユニークなコミュニティであり、農村のライフスタイルとは違うことが多い。1938年に出版されたルイス・ワース（Louis Wirth）の「Urbanism as the way of life」には都市社会の基本的な特性が次のように書かれている。

- 職種は高度に専門化されて分業化されている。
- 職業能力と役割や社会的地位によって明確に階層が分かれている。
- 自主的な社会団体や組織が増加して、都市生活の中で影響力を発揮する。
- 一つの社会の中に様々な価値観と尺度が存在し影響しあう。
- 豊富で多彩な社会が推進される。
- マスメディアが住民の生活の中で特に重要な役割を果たす。

欧米の都市研究に関する多くの発表では、都市は社会組織の形式として考えられていて、次のような特徴が共通認識となっている。
- 都市の居住区は均一ではないが、人口密度が高く比較的混雑していることが多い。
- 都市部居住民の職業は非農業が圧倒的な割合を占める。
- 都市には政治や経済など多くの職能があるが、少なくとも運営を一元的に管理する権力機構がなければならない。
- 都市社会内では一般的な機能形態として個人や組織の役割が相互に作用する。
- 都市部の調整は基本的に個人の行動のルールに基づいて行われる。[20]
-

(b) 都市文化と都市文明

都市文化は都市生活を客観視したもので、それは価値観、文化的規範、有形文化、無形文化、文化施設などの静的な文化的要素を意味する。[21] また、創作方法を含めた都市住民の文化的な生活を形成することも文化的要因であり、習慣、伝統、祭り、宗教活動、科学的な活動、教育、スポーツなどが含まれる。そしてその要素からライフスタイルを識別することができ、その発現とともに生活様式や都市住民各階層のライフスタイルを認識できる。[22]

---

[20] Trịnh Duy Luân: *Xã hội học đô thị*, Nxb: Khoa học xã hội, Hà Nội, 2005, page25-26

[21] 農村の文化が農民と関連しているように、都市では多くの独特な能力をもつ労働者と知識人に関連した都市文化がある。

[22] Bùi Văn Tuấn: *Xây dựng văn hóa đô thị và văn hóa quản lý ở các đô thị nước*

まず、都市では知的レベルが高いことにより、旧来の伝統や文化が徐々に取り除かれて、経験に基づいた知的財産と伝統的な掟や同族的連帯感が希薄になる。そして、価値体系と文化的規範は、新しく開発され都市型のものが形成されて旧来のものに取って代わるようになる。

　次に、都市社会の人口密度が増加するとそれぞれの分野が個別に発展するシステムが出現し、個人の価値観が尊重される多次元の便利な交流が始まる。そして、ダイナミックで能動的な創造が奨励されるようになる。新たな価値系列の誕生や標準化など都市の文化は非常に豊かなものになり、その変化は多様で多次元の連続した変化となる。

　そして最後に人口密度はさらに増加して、社会サービスシステム、特に通信、観光、教育の面で均一な品質の文化が広がる。多次元の文化交流が盛んに行われるようになり、社会の文化や生活様式の対立が際立ってくると、住民内での性別、職業別、教育別などによる文化的葛藤が発生する。その対立が家族や地域に広がるのは危機的な状況である。そのため、都市部の社会的関係を作りながらライフスタイルの調整をするシステムが必要となってくる。その要求に応えて法律による規制システムが徐々に広がり、村の掟とか慣習による決まりのような自然発生的な社会規範に代わって、一貫した司法システムが運用されるようになる。そのことにより、自由で創造的な個人の多様な発展が可能になる。このように、法による規律の一貫性は都市文化の顕著な特徴である。

　西洋では一般的に都市文化の概念と都市文明の概念は一致してい

ta hiện nay, Hội thảo quốc tế Việt Nam học lần thứ ba tổ chức tại Hà Nội, tháng 12-2008, page1-2

る。しかし、東洋では、この二つの概念が分離していることが多い。ベトナムも一般的に東洋の文化であり、二つの分離した概念が認識される。

　都市文明とは、科学の進歩により生活物資が十分に供給され、人間の生活が物質的に豊かになることだと理解されている。

　一方、都市文化は価値観、規範、制度、文化的志向など人間の行動やその根底にある考え方によって生まれる。知的向上は、自然への理解を深め、また社会的生活や実生活のあり方、継承された価値、規範、習慣、伝統など人間の生活を根本的に豊かにする要素である。

　有形の文明と無形の文化、この二つが揃ってこそ人間は進歩することができる。人類の発展において文化は重要な働きをしてきた。歴史的に見ても、止まることなく進み続けたことにより現代の都市生活がある。都市文明は主に科学的な意味で都市発展に貢献してきた。技術の向上による経済発展、高品質な計画により都市空間を創造して都市、文化、労働者の質を向上させ、文化的知識を定着させた。文明と文化は足並みが揃ってこそ大きな効果がある。文明とは文化をベースとしてそれを固定化するために創り出されたものである。文化が発展しても文明に留意しなければ停滞や逆行を容易に招いてしまう。文化は常に文明の位置を確かめながら走る必要がある。文化と文明が並走することこそが、人間と社会の総合的な発展につながる。

　都市文化は社会と経済が発展する条件の整った都市環境に住んでいる住民の中から始まった。社会インフラだけでなく、技術的なインフラの質や社会サービスシステムが整備されると交流の機会と量が増加する。

都市の文化は伝統的な農村文化とは明らかに異なる特性を持っている。農村文化は経験による不文律が重んじられるが、都市文化では科学的根拠が必要になってくる。また、都市では個人的な価値観がコミュニティ内で浮上し、民族的な団体主義よりも優先順位が上になる。それは多様で多系統な文化であり、均一で開かれたダイナミックな文化である。新しい文化は人の精神的、物質的な需要により、旧来の孤立した小集団の文化から急激に代わり、その後安定する。

(c) 都市のライフスタイル

　ある学者はこういっている。「都市型ライフスタイルはモノクロ映画のようなものでそれぞれ異なる色合いを含めることはできない」。その色合いとは、民族独自の人種や宗教の豊かな外観、人文地理、政治制度、生活水準、生活の質などのことである。これはどこの都市にも当てはまる、もっとも特徴的な点である。[23]

　この言葉の意味を考えると、異なる多くの都市のライフスタイルに共通した概念を見出だすことも不可能でないと思える。もっとも単純な意味では、都市型ライフスタイルは個人の生活方法であり、都市環境で形成された社会的なものではない。もう少し具体的にいうならば、都会のライフスタイルは個人的な生活活動様式を実施しているだけであり、都市環境のコミュニティは個人の生活を中心に作動している。

　我々の研究によれば、ベトナムの都市型ライフスタイルは二つの部分から構成されていると想定することができる。それは、伝統的な価

---

[23] Nguyễn Minh Hòa: "Sự hình thành và phát triển văn hóa, lối sống trong xã hội đô thị hiện đại", *Văn hóa và lối sống đô thị - một cách tiếp cận*, Nxb. Chính trị quốc gia, Hà Nội, 2010, page65-66

値観に基づいた"農民気質"と都市環境で形成された現代的なライフスタイルである。そして、この両者が並立してライフスタイルが構成されている。この仮定の下に、ベトナムのライフスタイルを考えてみると、都市ライフスタイルは単に都市空間での生活というだけでなく、都市環境の中に伝統的な民族のスタイルも存在していることになる。そのため、都市化の過程も外国の都市とは同じではない。

しかし、現実的には伝統的な要素と現代のスタイルが融合して、双方が適応した形で存在していると仮定することもできる。都市部と農村部の違いは、農村生活と都市ライフスタイルの違いである。農村の生活と都会的なライフスタイルを比較すると次のような違いがある。

・一般的に都市のライフスタイルは農村よりも速度が速い。この速度差がもっとも顕著な違いであり、都市住民のより積極的な行動が速度を加速させる。
・都会のライフスタイルでは、伝統的なしきたりよりも法律が優先する。そのため、都会では管理者が法律に基づいて執行することが主要で効果的な方法である。
・都会のライフスタイルは農村よりも人間の関係が現実的でドライである。都市社会では市場経済のことを念頭において生活しなければならない。
・都会のライフスタイルを農村の生活と比べると、新しいものへの変化が非常に速くかつ急激である。
・都会のライフスタイルは多様であり、農村よりもすべての階層で個性表現が豊富である。また、都市では個人のライフスタイルが多様化である一方、同じ生活習慣パターンの衝突がトラブルの原因と

なることもある。[24]

　これらが農村の生活様式と比較した現在の都市型ライフスタイルの基本的な特徴である。都市文化と都市のライフスタイルは同じレベルの二つのカテゴリーであるが、文化はライフスタイルより広範な概念であり、その都市文化の中に都市ライフスタイルも含まれる。通常、それぞれの国や地域の都市ライフスタイルは自然の地理的条件によって独自のアイデンティティや文化的伝統や習慣が成立する。その成り立ちを理解するためには、都市のライフスタイルの変遷とそれが形成された都市環境を考える必要がある。環境には都市型ライフスタイルの形成と変化を調節する因子が含まれている。

II．ライフスタイルの変遷要因

　物理的な視点から見れば、個人や地域のライフスタイルは社会的生産によって決まる。つまり、生活レベルとは生産能力の発展度合いを反映したものとなる。ライフスタイルを唯物論の概念で見ると、生産方式は人間の思想や意識と矛盾しているように思える。しかし、物理的環境（自然と人工）と政治や文化はライフスタイルを決定する強力な要因である。また、物質的な生産方式だけでなく、社会組織と社会の管理をどのようにしていくかという観点も重要である。物質の価値体系を決めるだけでなく、管理方式はその社会に住んでいるコミュニティ構成員一人ひとりの行動規範に影響する。

---

[24] Nguyễn Minh Hòa: "Sự hình thành và phát triển văn hóa, lối sống trong xã hội đô thị hiện đại", Văn hóa và lối sống đô thị - một cách tiếp cận, Sđd, page74-86

マルクス主義理論では生産方式とライフスタイルの方法論が示されているが、強力な規制の必要性はマルクスらの著作の中でくり返し主張されている。この概念によれば、ライフスタイルは人間が自然の中で実現できる生産力のレベル、つまり表面は物理的な関係によって定義される。社会（政治体制）は規定により生産を管理して、生産関係を確立する経済統制システムを運用する。しかし、それだけではなく以前から続いてきた重要な生活条件と個人の労働生産条件も影響して生産システムが成立する。

　人々のライフスタイルの方向付けにもっとも影響を与えるのは労働活動と生産および労働条件であり、その中の重要な因子は生産、流通、消費である。人間のライフスタイルを社会の中で定義付けるのは労働のレベルであり、それは科学、工学、技術、生産能力およびその他の労働条件によって決まる。これら要素の根本は自然な生産力だけでなく、一定の方式での生産力開発レベルの尺度でもある。そのため、生産方式が基本的な要因としてライフスタイルの特性と品質を決定していると断言できる。

　また多くの場合、一定の社会経済形態から同じようなライフスタイルの特徴を見出すことができる。しかし、労働活動はライフスタイルを意味するものではなく、生産活動の条件がライフスタイル固有の要因だと考えられる。労働活動とともに実際に物理的な生産を行う条件として、政治体制や社会通念および道徳の基盤としての法律などの因子によってライフスタイルは調節される。

　客観的要因に加えて、ライフスタイルに関する利点、目的や方向、価値観など各個人が自分のために設定した主観的な要因によってもラ

イフスタイルは影響される。この主観的要因をすべてリストアップすることは難しい。しかし、これらの要因を規定することなく、多様な個人のライフスタイルを説明することはできない。ライフスタイルは一般的な要素以外にも個人、グループ、コミュニティ、階層などで根本的に違う。実際の社会生活では階層によってライフスタイルは異なるため、単一のモデルとして説明することはできない。社会の中には多くの階層や階級があり、その対象がどのグループに属するのかでライフスタイルのタイプは異なってくる。

　上記の分析から、物質的な要素、生産方式、都市社会の政治などの社会制度から都市は強く影響を受けることがわかる。都市は人口が多く人口密度も高いが、人口の大部分は非農業産業の分野で働いている。そのため、都市社会は産業に依存している特性があり、法律と強力な市場経済によって支配されている。

　工業生産と都市サービス業には知識、技能、習慣、手段、分業などの要素があり、市場経済の強力な原理により労働者への要求は高く、生産活動の拡大が常に求められる。社会の核となっているのは生産方式であり、これこそが規定された形態の都市のライフスタイルを変化させる最も基本的な要因である。しかし、ライフスタイルは生産方式にだけ依存しているわけでなく、社会的な次元で存在している、というのがライフスタイルの統一した定義である。実際には、社会インフラや企画、建築、歴史的伝統、社会、宗教、政治的イデオロギーや道徳などの他の多くの要因にも影響されて存在する。

1. 都市の物的生産への影響

　物的生産は社会生活の基盤である。日常の物的なニーズを満足させ

る製品を生産することで生活が成り立ち、自然との関係を拡大してゆく。自然と人間との関係のレベルによって生産の物理的なレベルが決まる。また、それによって個人と社会全体のライフスタイルが決定する。農耕社会は自然条件に強く影響されるため、自然は崇拝の対象であり、行動や習慣は自然礼拝に支配されていた。自然と闘うためにコミュニティでは個人の尊厳より部族の慣習が優先された。

　工業生産は都市経済の特徴である。生産は単に量を作ればよいというだけでなく、多くの人々の多様なニーズを満たすため、より良いものを作らなければならない。また、生産に携わる人たちの協調ルールも形成されることになる。こうして造られた「人工の空間」が人々の生活をコントールするため、人間は自然にあまり依存しなくなる。そして、集団より個人、心情より都市の合理性が優先されるようになる。その結果、人々は自然から遊離し、自然よりも社会を優先することで、大規模な自然破壊の危険性が増加する。

2. 都市建設計画における経済と技術の結合の影響

　都市生活の中で自然環境の条件はライフスタイルに大きな影響を与える。科学と技術が結合して生産が発展すると、人間の自然条件への依存度は低下する。自然条件に自分を適応させるより、高機能な「人工環境」を創り出して、その中で快適に暮らすことを望むようになる。実際に人間は都市という人工環境を創り出してきた。木、池、湖、河川、そして愛玩動物のような自然環境の要素さえ人工的に作り出してきた。このような人工環境の創造を可能にしたのが経済と技術の結合である。そしてまた、人工的な日常から生まれるライフスタイ

ルも人工的なものとなる。実際の発展レベルや都市の空間構造の快適さの完成度は、物質生産と都市社会生活の組織能力を反映する。経済が発展し、社会生活の組織能力、構造、適切な物理的空間を創造する機能が完成すると、都市社会生活のための施設が利用できるようになる。合理的な構造の物理的な空間が出来上がると、文明化と進歩に向けたライフスタイルを促進し続ける構造が完成する。秩序ある環境があるならば秩序ある人間が容易に形成されることは周知の事実である。物質的に清潔でオープンな場所ならばそこにツバを吐いたり、ゴミを捨てたりしない。もちろん、そのためには物理的な条件だけでなく適切な管理が必要である。

　しかし、インフラはプラスの影響だけではなく、ライフスタイル計画と都市建設に悪い影響を与えることもある。例えば都市の人工的な空間では人と人の接触が減る傾向があり、無機質な人間関係の原因となる。これは、都会の生活は便利だけど冷たいと感じる理由のひとつである。人間が本来あるべき自然な姿から遊離するだけでなく、農村と違っていつも競争の絶えない都会では仕事や生活でストレスを感じることが多い。最近では都市空間の中に自然の要素を取り入れることが近代的な都市開発の動向である。なかには「非都市化」を求めて地方に移住する都市住民もいる。また、都心周辺部では開放的な自然環境を取り入れた"生態系都市"を建設する動きもある。これは、都市空間の物理的な構造の中に自然環境の要素をより多く設定したもので、人間の都市型ライフスタイルにありがちな人工の物理的空間の負の影響を克服しようとする試みである。経済と技術（または物理的な空間）の結合は、都市社会における多様な品質のインフラを開発し、

常に文明化と進歩に向けた都市型ライフスタイルの形成に有利な条件となる。都市の高品質な部分を取り入れた郊外型居住区では、さまざまな社会サービスを組織的に農村へ提供することができる。郊外の農村に都市機能を移入することが可能ならば、教育、医療、文化、娯楽などのさまざまな社会サービスを提供することで、住民の民間活力の向上にもつながる。

3. 都市ライフスタイルにおける伝統の影響

　伝統とはさまざまな要素が有機的に結合したもので、精神的、社会的な人間の創造性が結晶化した文化が長年累積したものである。これは人間の活動のすべての分野に浸透し、各個人の生活行動へ影響を与える。伝統的な価値観は行動のパターンを精神面で相対的に安定化して結晶化したもので、主に風俗、慣習、儀式、規則などの形で蓄積され、地域社会の外向きの行動パターンによって示される。そのため、一般的には伝統的な生活様式の影響は強い持続性があり、都会のライフスタイル全体を通して存在する。

　ベトナムの歴史を振り返って見ると、経済と社会が結合して都市が形成される速度は遅く、長期間かかって都市が形成された。その結果、都市のライフスタイルには以前からあった農村や農業の伝統が色濃く残っている。現在、ベトナムの都市に居住している人の大多数は地方出身であり、密接に農村部と関係している。そのため、都市ライフスタイルといっても伝統的な農民気質の影響を受けている。彼らが守り続けてきた農民気質には正と負の要素が両方含まれている。実際には否定的な要素に加えて、現代社会との矛盾も発生している。現代

では村をあげて客をもてなすような伝統的農民気質の価値観は価値を失ってしまった。しかし、後世にも継承すべき良い伝統もある。伝統の良い面を保ちながら都市ライフスタイルの構築を推進してゆくべきではないだろうか。

4. 社会構造の変動と都市ライフスタイルへの影響

　社会構造の違いによって、都市のライフスタイルは大きく影響される。都市社会は高い人口密度があり、市民の階層は複雑でグループごとに分化する傾向がある。また、市民はさまざまな地方の出身であり、異なる特性の教育、職業、文化などによりライフスタイルもさまざまとなる。このように多様な人々が集まり、階層も多いため、都市は多文化主義が成立するのに有利な環境となる。多くの場合、都市では市場経済の発展に伴う社会階層の分化が農村部よりも早く起こる。

　農村社会では血族や居住地によってグループに分かれていた。しかし、多文化社会の人間のあり方は個人の価値観によって決まり、同業、同好、同利益のような同じ目的のグループに分かれる。都市では部族や家系が農村のように重要視されなくなり、世論のような集団の意見で個人をコントロールすることは難しい。社会の調整は長老の意見ではなく、法律によって行われる。多様な都市ライフスタイルに転換する基本的な原因には、より複雑な階層に分化する社会構造の急速な変動があり、特に大都市でその傾向が強い。

5. 都市経済のグローバル化と国際統合の影響

　今日では都市のライフスタイルに影響を与えるさらなる要因が増え

た。その代表的なものが経済のグローバル化と社会生活における国際統合の動向である。市場経済の発展は国際化につながり、もはやグローバル化は社会生活の一部である。しかし、この変化は都市化過程に起因して発生したものではなく、独立した外的要素として流入した。社会の急速な進歩により世界はより"オープン"になった。最も顕著なものは科学技術の進歩によってここ数十年に開発された情報技術である。都市では以前の農村社会とは比べものにならないほど情報技術が発達していて、さまざまな新しい情報サービスを享受することができる。今日では、各種の情報チャネルにより外の世界と相互通信が可能であり、以前の社会では考えられなかったような広い世界と交流することが可能になった。グローバル化の過程は国際統合を推進させ、特に大規模な都市では都市化を大きく推進する要因になった。情報通信技術の著しい発展により、新たなニーズに応えるさまざまな商品が生産され、都市文化と都市ライフスタイルに大きな変化をもたらした。情報技術の迅速な導入は社会的影響による都市の変化をより速く、より複雑にした。グローバル化の影響と国際統合はライフスタイルや都市文化の多様性をもたらした。洪水のように流入する情報には正と負の両方の要素があるが、それを選り分ける"フィルター"の役割はそれぞれの都市コミュニティに依存することになる。都市は世界中に氾濫する情報をみずからの判断で選択しなくてはならない。

6. 都市変革の管理要因

都市の変革には、数多くの客観的な要因が含まれているが、その中でも管理は主要な要因と考えることができる。都市ライフスタイルの

ための都市の社会、経済、自然、文化などを管理する役割は特に重要である。管理するのは効率的で急速な進歩を継続している文明的な生活様式の場所である。そのため、国の管理より地方自治体の管理の方がより大きな能力を要求される。完全な都市管理能力として例をあげるならば、シンガポールがその好例だろう。運用効率の高い都市型ライフスタイルや進歩的な都市環境など、多くの点でシンガポールはアジアの都市をリードしている。ダナン市は、1997年にクアンナム省から分離されたが、けして好条件での市制開始ではなかった。しかし、今日では効率的で行き届いた管理機構の構築によって、ベトナムを代表する都市の一つに成長した。

　都市を運営する組織は都市開発でも大きな役割を担っており、特に建築が都市部の生活様式に大きく影響する。都市管理の組織が適切な都市開発と効果的な方向付けをすることは、都市ライフスタイル開発の基本的な部分の形成に長期間影響を与える。自治体の適切な計画と効率的な方法で都市計画を実施することは、将来にも影響する。優れた都市計画は都市管理の有利な条件となる。自治体の計画部門は問題に対処する機関ではないが、進歩的な都市が形成されれば、問題が起きてもそれを最小限に抑えることができる。

　都市の市民には各自のライフスタイルがあり、同一の条件で暮らしているわけではない。もし、管理部門が提案した生活条件が住民のライフスタイルとかけ離れたものならば市民の理解は得られない。法律はあらゆる種類のライフスタイルに対応し、住民の理解がなければ都市の安定は得られない。したがって管理部門は、このような意識を持って重要な意思決定を下さなければならない。

Ⅲ．歴史的に見たベトナムの都市の基本的特徴

　自然条件、社会、経済、歴史などさまざまな要因の影響を受けて都市は異なる様相をみせるが、ベトナムの都市もその特徴により独自の色彩を帯びている。ベトナムの都市の特徴はそれぞれが独立して形成されたのではなく、過去から現在までの歴史的な影響により、一般的な文化の外観やベトナムの都市部のライフスタイルが形成されてきた。そのため、歴史的視点からベトナムの都市ライフスタイルにアプローチしてみたい。

1．自然との調和を重視するベトナムの農民精神と都市ライフスタイの歴史的関係

　この特徴はベトナムの価値体系を反映したもので、都市の歴史の中で創り出された制度や文化的事物の基準となっている。都市計画および建築なども含めた日常的な社会を構成する基準であり、都市空間の成立理由でもある。

　ベトナムのほとんどの都市は行政の中心地として選ばれて都市に成長した。その場所は戦時に防御に適した地形の土地が選ばれた。また、その都市のほとんどは交通の要衝であり、水運のための船着場があって交易に適する場所だった。都市部の建設では王家と国民そして自然との調和が重視され、その優劣は風水によって評価された。アジアの伝統建築では大きな屋根の建築物をよく見かけるが、ベトナムの伝統的な家屋は屋根が低くて装飾が少ない。この様式は現在でも一部の寺や廟そして神社などに残っている。ガジュマルの大木や井戸を中心に

集落が形成されることが多く、そこに行政の役所が置かれた。

人々の生活は常に自然と調和した行動が求められていた。そして、陰と陽の調和を吉とする風水の考え方が普及していた。衣装や料理も伝統的な農民精神によるもので自然に近いものが選択された。そのため、衣服の素材も涼しい絹や木綿のような天然繊維であり、飲食物も自然種に近い植物や新鮮な水産物が好まれた。

2. 農村文化の本質を反映している伝統的生活様式

ベトナム都市部の伝統的な生活様式は、農村から働きに来た人たちによってもたらされた。彼らは純朴で勤勉に働いたため、都市の労働力としてなくてはならない存在であったが、故郷の習慣を都市でも継承した。ベトナムの歴史はそのほとんどが農民、農村、農業から成る三農主義を中心としており、日常の消費物を生産するのは農村社会であった。都市住民の大部分も農業に従事していて、耕作や畜産などで暮らしていた。そのため都市部でも生活様式とその背景となる文化の主軸は農業であった。

3. 都市社会でも質素な伝統的ライフスタイルを好む

8月革命（1945年）以前のベトナムでは、高級官僚など一部の富裕層以外のほとんどの市民が貧困層であった。公務員、商人、労働者、職人、農民などの都市部の居住者はそのほとんどが地方の農村出身者であった。農業社会では倹約が美徳とされた。民謡の文句に「大商いより日々の節約」と歌われているように、彼らは倹約しながら質素な生活をしていた。都市経済が開発途上で農業が中心な場合、天候に左右

されることが多い。そのため、不作にそなえて常に質素な生活を続ける習慣が農村社会にはあったが、その習慣は都市でも同じであった。

4. ベトナム都市部の長老支配

　農村社会の幹部は都市社会でも同じように地域への影響力がある。ベトナムでは都市でも長年の経験によって成立した農民精神の特徴が顕著にみられる。そうした伝統により経験豊かな高齢者の意見が都市部でも重視される傾向がある。しかし、皮肉なことに最近の農村部では高齢者の意見を重視する風潮が弱まってきている。

　元々、都市部に農村の考え方を持ち込んだのは地方の農村出身者であり、彼らが都市に村社会のコミュニティを作った。農村の構造を引き継いで自分たちの生活スタイルとした。社会の中に伝統的な親族や同族のコミュニティがあり、自分をその中に溶け込ませて一体となった。そして、そのコミュニティの価値判断がすべての人の生活基準となった。都市部でもコミュニティ内の生活文化は農村の模倣から始まり、その意識は現代でも同じである。

　農村型コミュニティの良い点は、助け合いの精神であり、血族や地域の団結が強い。この特徴は自然災害や突発的な事故のときに有意である。また、コミュニティ内で意見の調整などの自治管理がやり易いという利点もある。これは農村社会においてはその村の総意である社会規範が不文律の形で存在するシステムになっていることに由来する。しかし、前例にだけ頼ることで、平準化に陥り易いという不安要素がある。それと同時に、農村型コミュニティでは新たな創造を歓迎しない雰囲気があり、多くの場合、個々の創造性を抑圧することにもつな

がる。

5. 現存している伝統とベトナム都市社会の特徴

　ベトナムには以前から村社会特有の閉鎖的な規則や前例などが重んじられる傾向があったが、現在でもその傾向が強い。コミュニティが農村から都市に代わっても、人々の心情には農村社会の伝統が引き継がれていて、それは日常の生活様式に反映されている。そのため、ベトナムの都市部では根本的な部分で農民精神が継続していて、儀礼などを重視する農村のライフスタイルが主軸となっている。家族や親類と地域が路地裏で結びついている社会構造は現在でも継続している。封建時代から法治主義はあったが、国の法律だけでは実際の管理には十分ではなく、農村では国家の法律と異なる独自の決まりで管理されていた。国の法律と地域の規則、この二重律が都市社会を管理する行政運営を複雑にさせた。こうした法制度の不備による二重律のうち、国法ではなく地域の決まりを重視する考え方が現在でも根強くある。ことわざにも「王の法律、村には勝てぬ」とあるとおり、現在の都市社会でもその内側には伝統的な農村社会が残っている。そのため、伝統的な社会規範は地域の決まりとして住民の内部に浸透し、コミュニティ内では慣習による不文律が大きく影響する。

6. ライフスタイルの形質転換と伝統的ライフスタイルの影響

　現代社会は経済状況によって定義されるが、人々のライフスタイルの根底には過去から継承されている伝統が今も流れ続けている。したがって都市のライフスタイルも農民文化の影響下にある。現在のベト

ナムでは都市化過程が急速に進行しているが、その根底には伝統的な農民精神が息づいている。ライフスタイルも正と負の両面で農村の文化的な影響を強く受けている。

　肯定的影響

　ベトナムの都市住民と継承された伝統の関係について述べる場合、最初に愛国心について語らなくてはならない。ベトナム人の歴史の中で、都市であろうが農村であろうが、もっとも強い信念は愛国心であり、ベトナム伝統文化の核となっている。現在のベトナムでは経済が発展し、昔とはさまざまの部分で様相が変わってきた。しかし、すべての国民にとって愛国心は何ら変ることもなく、各人の心情の根底には必ずある。しかしながら、最近の発展した都市では価値観や表現形式などの面で愛国心の表現方法が変化してきた。「意志的な社会改革」、「知的で力強い祖国」、「ドイモイの創造精神」、「五大陸の友人」などのスローガンを最近は見かけるようになった。

　社会と経済の変化による影響が見られるなか、コミュニティの品質を高く保ちながら個人のライフスタイルを守る、その支えとなっているのが国を愛する気持ちである。コミュニティ内での価値観によるさまざまな愛国運動が都市部で一般的になってきた。特にホーチミン市、ダナン市、ハノイ市のような大都市で盛んである。

　都市は常にコミュニティ連帯運動の最前線に立ってきた。住宅地での文化促進、米配給の現実的改善などを推進し、自然災害や貧困対策などの活動もしてきた。コミュニティが強力に連帯することで、都市部の自治が推進され、都市管理が容易になる。国家と自治体、コミュ

ニティと個人の連帯はきわめて大きな社会貢献である。しかし、これに満足することなくこれからの課題にも取り組まなければならない。インフラ建設の加速と高級化、文化的な生活を構築し秩序と安全を維持することなど早急に対処すべき課題は数多くある。これらの運動は、良好なコミュニティ関係に基づき、人々の広範囲な参加を誘導しながら、地域社会で広く行われるべきである。

　伝統は現代社会でも肯定的な効果がある。ベトナムでは何百年も前から「例え米がなくとも本だけは与えよ」といわれてきた。都市部でその機能が有効に働き、向学心の伝統が生かされれば、国や都市の開発に必要な人材を育成する効果が期待できる。ベトナムの各都市、特に大きな都市では教育や養成のセンター化が推進されている。それは、その都市に必要な人材を養成することに止まらず、国家レベルの人材養成を目的とする。現在のベトナムは発展途上にあり、都市化の過程が進行しているなか、向学心の伝統を生かすことで、教育システムの整備は良い方向に進行している。ベトナムにとってこれからの国を発展させる優秀な人材を養成することは、優先的に取り組まなければならない課題の一つである。

　その他のよい伝統として、勤勉で労を惜しまない労働を美徳とする風潮がある。地域の生活様式を守り、伝統的な価値観や文化を大切にする。このことは都市でのライフスタイルを創造することに貢献し、文化的な規範にもなる。現代は市場経済とグローバル化が世界中から押し寄せおり、中には歓迎せざる内容も含まれているが、ベトナム人の伝統はそれに対抗する強力な武器である。

否定的影響

　伝統的な生活様式の一部で、いわば時代遅れの残党のように現代にも居座り、都市ライフスタイルへマイナスの影響を与えているものがある。昔からの伝統でも時代に適応しないで惰性のように残っているものについては、客観的な判断をするべきだろう。利点がないのに惰性でくり返されている伝統は、現代の生活に悪影響を及ぼす可能性がある。

　伝統的な生活様式で一番の問題はコミュニティの粘着性気質である。これは偏狭な普遍主義の温床であり、現代都市のライフスタイルに悪い影響を与える。昔ながらのやり方や前例をかたくなに守り続けるコミュニティ内では、個人の自由が制限されることがあり、人格の否定や差別につながる危険がある。改革する意志は文化向上の足がかりとなるが、古いコミュニティは前例のないことを理由に否定的態度をとる。これは問題が発生することを恐れる責任回避以外のなにものでもない。また、義理という概念は人にとって大切だが、民主主義の意味を履き違える場合がある。地域での儀礼や慣習は、堅持するのではなく、時代に合わせて修正すべきである。そして、都市のライフスタイルでは問題解決方法として、慣習よりも法律を優先する必要がある。昔からのやり方を妄信することで法律違反になることもある。どちらが正しいのかは客観的に判断されなければならない。また、昔の迷信などを信ずるあまり、科学研究に支障をきたすこともある。

　古いコミュニティの長所として助け合いの精神があるが、それは血族や限定された狭い地域での助け合いであり、都市の大きな地域では発揮されない。自然災害などへの対応ではむしろ妨害要因にすらなっ

てしまう。

　コミュニティのなかでさまざまな儀礼は重要な意味があるが、儀礼を偏重しすぎると問題発生の原因となる。そして、無意味な儀礼が金儲けに利用されることもある。儀礼の中でも結婚式や葬式は日常によくある儀式だが、華美にはしり、あまりにも大掛かりに行うのはいかがなものだろうか。祝儀や不祝儀には金銭や贈り物の授受が必ずあるが、これがトラブルの原因になることもある。

　ベトナムでは向学という良き伝統があるが、都市部では基本的な考えが変化している。ベトナムの伝統的向学精神とは、自分の利益を考えず、多くの人が望んでいることを実現するため純粋に学問することである。

　また、かつては古典の精読が推奨されて、学習方法では暗唱が重んじられた。しかし、このような伝統的な方法と内容で時代の要請に応えたり、社会に貢献する人材を育成したりすることが出きるだろうか。ベトナムはまだ発展途上国で、あり多くの産業レベルは高くはない。そのため、時代の要請に対応できる人材の育成が急務である。

　現代のベトナム都市ライフスタイルには伝統的な価値観の否定的な影響が数多くある。その影響は小規模で限定的であるが、生活や経済活動にも影響する。伝統的な価値観には三つの限界があるといえる。まず必要な専門知識が浅いこと、次にその範囲が狭いこと、そして各部分との連携が少ないことである。その悪影響により、ベトナムでは専門分野のエキスパートが不足している。また、長期的視野に立って展望できる人材が少ない。そして、専門の異なるエンジニアをリンクさせて大きな成果を実現させる能力に欠けている。

ベトナムの伝統的な生活様式には、希薄な法律意識などの負の遺産として残っているが、都市ライフスタイルを構築する過程でそれを批判し、解決する必要がある。

　農村部では現在でも法律意識が希薄であり、村独自の決まりごとだけを重視する習慣がある。そして、そのような地方出身の労働者が都市に来ても、意識は農村と同じままであることが多い。そのため、道路では交通ルールを守らないとか、職場では勤務時間中の無駄話、飲食、喫煙、遅刻、早退などの問題を引き起こす。

　長い歴史の中でベトナムは国家を建設し、他国の脅威から守ってきた。その戦いの中で独自の価値観と文化によって伝統的な生活様式を形づくってきた。そのためベトナム人は愛国心が強い。地域社会の団結も強固である。そして儀礼などの仁義を重んじる。また、勤勉な努力家でもあり、自然との調和を好み、質素な生活を美徳としてきた。

　ベトナムではドイモイ政策開始以降、近代化と国際化が急速に進行し、都市部では新しいライフスタイルが構築されている。しかしながら、現在のベトナムは過去の美しい伝統を基礎にして成り立っていることを忘れてはならない。

第三章　ベトナム都市生活への多面的アプローチ

　一般的なライフスタイル、特に都市部のライフスタイルを評価し、個々の生活の活動を明らかにするためには、客観的で具体的な条件を設定して多面的視野によりアプローチする必要がある。それぞれの分野でライフスタイルにアプローチしてから学術的に統合すべきであるが、この章ではベトナムの生活習慣を社会学の立場で検証する。

I．都市生活の発生とライフスタイルの相互作用

1．都市経済と都市生活の相互作用

　経済は個人や地域社会の生活様式を変え、都市形成の基礎となる要因の一つである。個人やコミュニティのライフスタイルは経済活動を組織する方法を通して表面化する。そのため、都市ライフスタイルの研究では経済組織とその運営活動を調査しなければならない。都市生活では個人のライフスタイルがそれぞれ異なっていて、非常に多様であり、簡単に説明することができない。しかし、都市居住者のほとんどは主な収入を都市から得ており、その収入を消費して生活している。この点に注目して所得という観点から都市の生活にアプローチしてみたい。

　ドイモイ政策実施以降、ベトナムの都市経済は大きく発展した。経済が発展し続けたことにより都市居住者の収入と生活水準は著しく改善された。まず、ハノイ市とホーチミン市そしてダナン市のような大きな都市が経済発展を加速化する牽引車となり、他の都市がそれに続

いた。現在もベトナムの経済発展は継続しているが、大都市を中心とする経済エリアが国の発展を担っている。都市の経済活動は農村部よりもはるかに大きく、強くて深い。実際に国家歳入の70％は都市部からのものである。都市産業の最前線では、科学や工学など高度な技術を応用して付加価値の高い製品を生産している。ベトナムは設備投資や開発などへの投資を都市部へ集中的に誘致することで生産条件を整え、国の経済を牽引してきた。

図2、主な都市の経済成長率（2005-2009）

都市名	成長率（年）
ハノイ市	10,5%
ホーチミン市	11,0%
ダナン市	12,0%
ハイフォン市	9,5%
カントー市	7,8%
ヴンタウ市	9,2%
クイニョン市	6,9%
ニャチャン市	7,8%
ダラット市	8,4%
ビエンホア市	6,5%
トゥーザウモット市	9,6%

出典：2005年－2009年都市統計年鑑（Tổng hợp từ các báo cáo của các thành phố trực thuộc Trung ương và từ các niên giám thống kê 2005-2009.）

　都市の経済発展により、住民の生活は経済面と物質面で明らかな変化がもたらされ、都市では物が豊富にあることを前提としたライフスタイルが広まった。そして、物質的なものだけでなく非物質なものにも高い品質を求めるようになった。

　統計総局の2006年から2008年の調査によれば、都市居住者の収入増

加率は農村部よりはるかに高い。農村部と都市部の平均所得の収入格差は2.5倍にも達した。都市の急速な経済発展により、都市貧困率は大幅に低下した。1998年の都市部の貧困率は3.14%であったが、2008年後半には1.6%に低下した。[1]

図3. 2006年～2009年大都市居住者の収入増加率

都市名	収入増加率			
	2006	2007	2008	2009
ハノイ市	100	10,1%	17,8%	18,3%
ダナン市	100	12%	18,0%	21,0%
ホーチミン市	100	11,4%	19,8%	20,3%
ハイフォン市	100	9,0%	17,8%	18,5%

出典：経済金融レポート2009年6月号（Thời báo kinh tế tài chính）

上記のデータを見ると、2006年から2009年の期間、大都市の市民の年間所得の伸び率はダナン市を筆頭として非常に顕著なことがわかる。また、ホーチミン市の所得増加は他の都市より速い。所得から生活水準を類推すると、大都市の生活が改善されてから他の都市がそれに続くようである。一般的に都市の中央部から所得増加がはじまり、周辺部に伝播することが多い。所得と生活物資の増加は居住民の生活水準改善を可能にする。生活水準が上昇すれば、消費者嗜好も変ってくる。生活により多くの快適さを求めて、高級な消費財や娯楽、さまざまな付加サービスを求めるようになる。所得が増加することで生活

---

[1] 貧困の定義は旧規格による。
Kết quả khảo sát mức sống hộ gia đình năm 2008, Nxb. Thống kê) 2009, page24, 25

にゆとりが生まれ、生活消費財以外の価値として精神的な満足を求めるようになる。このことは、都市文化が更に発展し、第3次産業が発展する土壌を形成する。

所得創出は都市ライフスタイル転換に影響を与える最も重要な要因である。農村と違い都市部ではさまざまな産業やさまざまな職種の非農業業務がある。特に大都市では多種多様な職業が複雑に絡み合って産業構造が構築されている。

2006年から2010年の社会調査（KX.03.20/06-10）によれば、都市で働いている人の約81％は給与所得者であり、自営業は19％であった。また、この調査では、給与所得者の82.6％は安定的な職業に従事しており、不安定者は13.1％だけであった。このことから都市の職業は安定的で失業が少ないことがわかる。2009年の世界国勢調査によれば、失業率の世界平均は5.5％であった。ベトナム都市部の失業率は4.6％で世界平均よりも低い。

ベトナムの都市部はその高い経済成長によって有効求人倍率が高い。また、働いてはいないが、職業訓練学校や企業研修などに参加している人も少なくない。発展している企業へ就職して収入が安定することは、健全なライフスタイル構築の条件となる。就職することで社会参加し、より良い生活を送るための自己の理想を確認することになる。そして、それは活動的なライフスタイルへと転換する要因となる。

また、社会調査（KX.03.20/06-10）は過去5年間と現在を比較して調査したものであるが、調査対象者の多く、特に都市生活者のすべてが現在の変化を好意的に受け止めていた。

図4　過去5年間の都市生活者の生活改善評価（％）

改善の速度	比率
速い	35.7
普通	52.1
遅い	10.6
改善していない	1.6
合計	100

出典：社会調査（KX.03.20/06-10）

　この調査は都市世帯を対象にして調査し、98.4％から回答を得た。その結果、各世帯の収入は5年間で改善されていることがわかった。そのなかでも35.7％は改善速度が速いと回答し、52.1％が緩やかだが改善したと答えている。そして、改善されていないと答えたのはわずか1.6％だけであった。職業別では、給与所得者の82.3％と自営業の96.1％が収入の増加に満足している。これは、都市部の経済発展によって物質的生活水準が上昇し、都市労働者のほとんどすべてが収入増を好ましく感じている結果である。

　また、この調査によれば地域による格差は少なかった。もっとも急速な改善結果が現れたのは南部の40.7％であり、以下北部は35.9％、中部は30.5％であった。

　都市部世帯の所得の改善速度は大都市の方が速いが、その速度は均一ではない。しかし、経済の成長と安定によって、ほとんどの都市家庭は物質的生活条件が大きく改善している。

　ベトナムでは近年、高度経済成長が続き、物理的な消費材の豊富な供給により都市居住者の生活水準は上昇した。消費材が豊富に入手できることで、都市ライフスタイルの経済面が変化してくる。そして、

物質的な条件が整うことで、無形の文化的な側面にも変化が生じる。

図5. 地域別過去5年間の都市部家庭の所得水準向上意識調査（％）

		地域			全国平均
		北部	中部	南部	
5年間の収入改善	速い	35,9	30,5	40,7	35,7
	普通	55,6	56,7	44,1	52,1
	遅い	7,7	12,5	11,5	10,6
	改善なし	0,8	0,3	3,7	1,6
合計		100	100	100	100

出典：社会調査（KX.03.20/06-10）

図6. 主要都市別過去5年間の所得水準改善意識調査（％）

	都市名									平均
	ハノイ市	ホーチミン市	ダナン市	カントー市	フエ市	トゥーザウモット市	タイグエン市	バクニン市	北部新興都市	
速い	34.5	45.2	31.8	32.5	38.5	35.5	25.3	41.5	34.5	35.7
普通	57.7	38.8	57.5	53.5	48.5	50.5	60	48	57	52.1
遅い	6.7	1.7	10	12.5	13	13	14.8	10.5	8	10.6
なし	1.2	5.3	0.8	1.5	0	1	0	0	0.5	1.6
合計	100	100	100	100	100	100	100	100	100	100

出典：社会調査（KX.03.20/06-10）

都会の消費者の都市生活様式で、生活水準と経済的要因による影響を判断するもっともわかりやすい基準は所得である。所得が急増することで、消費者の嗜好は根本的に変化する。都市での消費者動向の中で注目すべきは、消費者の嗜好が同じパターンで変化している点である。

2009年の社会調査（KX.03.20/06-10）で各家庭での消費支出の優先順位を問うたところ、第1位は子どもの教育費（36.3％）であった。2位（19.1％）は飲食費で3位以下には投資（18.9％）[2]、住宅購入費

---

[2]（翻訳者注）銀行制度が定着しておらず、余剰があれば貴金属など現物投資が好まれている。

用（14.4％）となっている。この回答は将来計画の調査でも裏付けられた。都市家庭の大半（80％以上）は、子どもを大学まで進学させたいと望んでいる。このように消費者の有形無形の需要、つまり衣食住の何にお金を使うかということに注目することで、消費者嗜好の変化を観察できる。しかしながら、すべての家庭の消費嗜好がまったく同じというわけではない。例えば、教育費への支出は、同じ地域の母集団でも親の学歴などによって異なってくる。また、教育費の調査では、地域によって差があることが判明した。教育費の優先率が高かったのは、ハノイ市を中心とする北部地方であった。

図7．地域別教育費の優先度（％）

教育費の優先順位	調査地域			全国平均
	北部	中部	南部	
1位	36.3	32.2	34.1	34.2
2位	20	28	23.2	23.7
3位	27.1	21.2	24.1	24.1
4位	2.9	3.7	3.1	3.2
5位	5.3	4.5	4.5	4.8
6位	4.9	5.4	6.7	5.7
7位	1.6	2.5	3.1	2.4
8位	1.9	2.5	1.2	1.9
合計	100	100	100	100

出典：社会調査（KX.03.20/06-10）

グローバル化により交流が広がる中、都市経済は大きく発展した。そのことは市民の生活水準が上昇しただけでなく、消費の嗜好が変る原因ともなった。経済発展は生活物資の需要に応える面だけではな

く、消費者のさまざまな要望に対応して満足を与える能力が問われるようになってきた。

　市場経済を背景にした都市家庭の生活品質は、その家族の規模によって大きく異なる。有形無形の原因により都市の家族は農村に比べて人数が少ないことが一般的である。家族の少人数化傾向が都市部で継続しているが、家族の人数が少ないことは家計と家事の負担が減ることであり、余暇時間の創出につながる。また、子どもが少なければその分の支出が少なくてすむ。そして、余剰の予算は教育、医療、娯楽などに差し向けることができる。不動産など大きな資産を購入するための貯蓄能力は家族の規模と直線的に関係する。また、家族の規模は家事労働時間にも関連する。少人数の家庭では家事が短時間で終わるため、その分の時間を教育や娯楽および趣味などに使うことができる。

図8．家族規模別・支出項目別優先消費支出構成（％）

消費支出	家族規模		
	2-4人	5人	5人以上
飲食	16.9	21.8	20.1
教育費	36.0	34.3	39.7
家庭設備	5.6	3.6	4.6
旅行、レジャー	4.0	3.6	3.2
医療	1.7	4.3	0
住宅建設貯蓄	18.2	9.6	12.8
投資	18.2	20.8	17.8

出典：社会調査（KX.03.20/06-10）

　都市では市場経済が急速に発展したことで、職業能力による所得格差が生じた。特に大都市では職種による所得格差が消費や社会サービスに影響している。2008年の調査によれば職業別の所得には明確な違

いがあり、消費嗜好や各種サービスの利用が異なっている。

　この数年来、都市住民の所得が上昇する有利な条件が都市内部で出来上がり、文化レベルと物質的生活レベルが向上しているという事実に疑問をはさむ余地はない。これは物質的にも精神的にも都市ライフスタイルの向上が始まる基本的条件である。

　市場経済の発展は都市ライフスタイルを間接的に変化させる効果がある。その効果とは、まず経済構造が掘り起こされ、それまで注目されなかった経済の潜在能力を解放することに貢献したことである。元々高い価値があった物質的価値や利便性、そして近代的感性がある人々の文明化を推進し、文化的精神を向上させる物的条件を作り出した。

　次に都市の内部だけではなく周辺部の市場経済の発展に寄与し、より厚みがある発展のための前提条件が整った。幅広い地域から人材を求めることでビジネスなど経済活動の場で活躍する都市の人材開発が促進された。

　そして、都市部での活発な経済活動により「考えて行動する」という思考習慣が奨励されるようになった。ビジネスでは、効率や実効効果が要求されるという考え方が個人や組織に持ち込まれる。その地域で市場経済が発展する環境を構築するためには、能動的な人材と、柔軟性と創造性があり、さまざまなビジネスシーンに即応できる人材が必要である。そのためには都市居住者の資質を革新する必要がある。新しい産業に則した様式の規律と秩序を確立することで、産業を育成しやすい環境が整えられる。また、このことは法治主義の概念を広める効果もあり、国が推進する工業化と近代化推進の要件にも合致している。

　しかし、急速な工業化によりさまざまな弊害が発生する。特に影響

するのは近代化路線の推移に消極的な個人や社会である。市場経済は農村の経済に比べて成長が速くて能動的である。市民の所得が増えることで、貧困層の削減を加速する効果がある。その反面、富裕層が出現することで、所得格差が拡大することになる。特に所得格差が大きいのは、ハノイ市やホーチミン市のような大都市である。商品経済は都市市場構造により機能するが、職業グループ間など社会的に分化した集団間や都市部と農村部との格差が広がり、生活水準の分化を促進してしまう。この分化による対立は社会的紛争の原因となるため、適正な社会政策で分化を抑制する必要がある。現代の都市経済は市場経済の原理により社会的分化を加速させてしまう。そして、その結果として階層間の生活習慣の違いが生じることになる。

　市場経済の原理は都市社会の発展を強く促進する効果がある。都市居住者の所得を上昇させ、経済の急速な成長を促進して富裕層を創出する。その一方で、経済弱者の相対的生活水準を急速に押し下げて貧困層を作り出す。市場経済の発展の恩恵にすべての人が浴しているわけではなく、所得格差の拡大という悪影響が発生する。これは予測された市場経済の原理である。このことで特記すべきは、一部の市民が違法な商売、法律の抜け穴、汚職活動などで不当な利益を得ていることである。そのため、都市ライフスタイルを構成する物理的要因と精神的要因に深刻な位相を作ることになってしまった。拝金主義や成金に対しては「金はあっても品がない」という言い方がある。拝金主義の発生は、経済成長に文化環境が追いついていない証拠であるが、現在のベトナムではそれほど稀なことではなくなってしまった。

　開発基準を定めて都市の経済成長を推進したことにより、高度成長

が何年も続いたが、まだ脆弱な規定など、多くの不安要素が内在している。地域別の統計によれば、主要都市であっても安定成長しているわけではない。ダナン市のGDP成長率は2005年に12％／年であったが、2009年は9.7％となった。ホーチミン市のGDP成長率は2007年に14％であったったが、2008年は8.5％であった。ハータイ省との合併前のハノイ市の成長率は13.4％であったが、合併後の2008年には8.8％となった。

また、中小の都市で成長率が高かったところもあったが、これも安定的ではない。例えば、2005年にクアンビン省ドンホイ市の経済成長率は8％であったが、2006年には5.2％になった。フエ市は2008年に11.2％であったが、2006年には6.8％になった。クアンナム省タムキー市は2007年に7.9％であったが、2009年には5.8％であった。

ベトナムの多くの都市は非常に高い経済成長を記録したが、成長に"振幅"が見られると経済学の専門家は指摘する。資本投資を主に株式市場に頼っているため、外的な要因によって投資額は大きく増減する。また、都市開発の計画が効果的ではないという指摘もある。主要都市を中心に都市経済は急成長し、それに伴って市民の所得は増加したが、生活の質はそれに比例していない。投資の好不調によって経済成長が安定しないことは、さまざまな都市の課題を解決するどころか、新たな問題を発生させ、都市問題を悪化させる原因にもなっている。その結果、経済だけは発展したものの多くの問題が発生してしまった。交通渋滞、下水処理などのインフラ整備をはじめ、教育、保健、公共交通機関、社会保障などの社会サービス面、環境汚染、乱開発などに起因する環境問題などなど。これらの課題は市民の生活や健

第三章　ベトナム都市生活への多面的アプローチ　81

康に直結する問題であり、早急に解決を図らなければならない。なぜなら都市問題によって市民のライフスタイルは大きく影響されてしまうからである。

　市場経済にはさまざまな利点があるが、社会に悪影響を与えるような要因もその内側に存在している。負の社会現象として、市場経済に起因する影響により社会道徳が低下することである。人が金を使うのではなく金に人が支配されるような拝金主義、自己中心で他人を省みない個人主義など、最近ではこれまでになかった種類の社会悪が増加している。

　特に心配なのは、生活様式の道徳面の劣化が都市住民の一部で深く進行している点である。毎日の日常生活の中に明らかな道徳の劣化を観察できる。拝金主義、物質的価値の偏重、道徳無視など、どれもベトナム民族の伝統とはかけ離れた行いである。希薄な人間関係、ドライな感情、地域活動に無関心などさまざまな悪影響が発生している。これはすべての市民にあてはまるわけではないが、伝統文化の美点や人として行うべき規範とは反対の行為が横行している。さらに心配なことは、この現代化の悪影響を減少させようとする動きが少ないことである。

　市場経済の影響により伝統的な価値観が歪曲されることは、ベトナム人としてのアイデンティティが喪失する危険性がある。ベトナムの伝統的生活様式にはさまざまな美点が含まれているが、市場経済の影響で希薄になることは、民族にとって危機的状況といえるのではないだろうか。

2. 都市ライフスタイルと職業および労働者の保護

　労働と生産はライフスタイルの特性を形作る重要な要素であり、人

格の形成を助け、人の社会性を強化する。人は労働と生産にかかわることで自分自身を成長させる。人が働くことは社会性を強化するもっとも重要な行動である。

　労働と雇用の継続的供給は社会を構成する人員を集める物質的条件であり、その社会を作るのに欠くことができない要素である。労働は人間の個性を完成させて、各個人のライフスタイル形成活動を支援する働きがある。つまり、労働によって個人のライフスタイルが形成され、それとともに社会の特性が形成されるのである。勤勉な労働を美徳とするのはベトナム千年来の伝統である。そのため現在でも人々は勤勉に働く。労を惜しまず、勤勉に努力するのは農村の伝統であるが、現在の都市でもその伝統は引き継がれていて、個人や地域社会での特徴となっている。

　今日の都市社会は公務員、職員、店員、作業員などさまざまな職業の複合体である。都市の職種は専門化と分業化が進み複雑になっている。職業の分化は、所得格差の原因の一つであり、そのことから生活様式や生活水準の分裂が起こり、社会・経済やライフスタイルに変更が生じる。その結果、職種グループにより生活習慣が異なる非常に複雑な社会構成が出来上がる。職種グループと社会との関係はグループによって異なるので、住居、交通手段、服装、価値観などがグループごとに違ってくる。

　2009年1月9日付けの国勢調査によれば、ベトナム都市部の労働人口は1,300万人であり、それは全国の労働人口の27％を占める。この10年で都市化と工業化が進行したことにより労働人口は都市に大きく移動した。

図9に表れた都市の労働人口は過去最大の数値になった。急激な都市化によって都市に多くの人口が集中したのである。そのため、前記したように労働人口は大幅に都市へと移動したが、まだその総数では非都市の方が多い。

図9．2009年労働人口調査

地域	総数	男性	女性	(%)	女性の割合
全国	49,187,222	25,585,509	23,601,713	100	48%
都市部	13,235,482	7,004,409	6,231,073	26.9	47.1%
非都市部	35,951,740	18,581,100	17,370,641	73.1	48.3%

出典：2009国勢調査、統計総局、（Tổng cục thống kê: Tổng điều tra dân số và nhà ở năm 2009: Các kết quả chủ yếu, Nxb:Thống kê, Hà Nội, 2010）

都市労働者でもっとも多いのは、農村部から10年以内に移動してきた人である。過去20年で考えると都市労働者のほとんどは、農村で生まれ育ち、農村の教育を受けた人たちである。都市開発のニーズを満たすために都市へ人口移動した農業労働者は、都市で暮らしながらも農村の生活様式を捨てることはなかった。このことが、都市化へと変貌するベトナムの都市ライフスタイルに影響する要因である。農村から都市に移住した労働者は農村の特徴である勤勉、素朴などの性質を備えている。そのため、そのような都市労働者はその特徴をそのまま引継いで実直で働き者だが、法律意識が薄い特性をもっている。

地域別にみた労働参加率でも都市部と非都市で有意差が生じている。これは地域の人口のうち労働に参加している労働者の割合を意味するが、都市部67.1％に対し農村など非都市部では80.6％である。都市部の労働割合が少ない理由として職業訓練学校や大学などの学生は労働人口に含まれないという点もある。高等な知識を要求される都市

労働には学習が欠かせないものであり、訓練を終了した学生は都市で知的労働者となる。全般的に、都市労働者は義務教育終了後に専門学校などで技術と知識を身につけており、その資質は高い。言いかえれば、高い資質を身につけることが都市では労働者に要求される。

都市部では女性の労働参加率が非都市部より低い。また、都市内の男性と比べても14％ほど低い。このことから都市部の女性は、よい労働条件に恵まれていないようにも感じるが、家庭内の家事労働や自営業の家事手伝いが労働参加率に組み込まれていないことを加味しなければならない。また、都市社会の職業は複雑であり、この調査データの数字に表れない女性の労働者もいる。例えば、小店舗を自家営業している場合、どこまでが家事でどこから営業なのかという線引きが難しい。

図10. 居住地域別・性別労働参加率（2009年調査、単位％）

居住地域	合計	男性	女性	男女差
全国平均	76.5	81.8	71.4	10.5
都市	67.1	74.4	60.4	14
非都市	80.6	85	76.3	8.7

出典：2009国勢調査、統計総局（Tổng cục Thống kê: Tổng điều tra dân số và nhà ở năm 2009）

同じ2009年の国勢調査における学歴の調査でも大きな有意差が見られた。高等学校を卒業した割合は都市部の46.8％に対して非都市部は17.8％であった。20年ほど前までは高校に進学する割合が非常に低かったことを考えると、都市部の改善が速いことがわかる。また、中学校と高校以上の卒業者を合わせると都市部は69.1％であり、非都市部が50％未満なのとは対照的である。都市部では職業訓練学校などで学

ぶことがよくある。それは都市の労働には高等な専門教育が欠かせないことが大きな要因である。

図11. 居住地域別進学率構成比（2009年、単位％）

	合計	未就学	小学校未卒業	小学校卒業	中学校卒業	高等学校卒業以上
全国	100	4.6	13.7	27.6	28.5	25.6
都市部	100	1.7	7.6	21.6	22.3	46.8
非都市部	100	5.7	15.9	29.9	30.7	17.8

出典：2009国勢調査、統計総局（Tổng cục Thống kê: Tổng điều tra dân số và nhà ở năm 2009）

　労働レベルはその社会の状態を表す重要な指標である。働いて賃金を得ることは都会も農村も同じであるが、雇用労働の需要は都市と農村では異なる。都市部とその他の地域ではさまざまな違いがあるが、もっとも大きな相違は教育水準である。大きな都市では一般的に教育水準が高い。もっとも高いのはハノイ市で、次に高いのはホーチミン市である。逆に教育水準が低いのは北方山岳部、中部高原、メコンデルタなどの小都市である。

　2009年の国勢調査によると、専門学校などで教育を受けた労働者の割合は、都市部では31.6％であり、全国平均の14.9％や非都市部の8.8％を大きく上回っている。また、大きな都市の方が他の中小都市よりも教育水準が高い。都市開発には資質の高い労働者が多数必要である。大都市の教育の割合は高く31.6％であるが、それでも現代の発展した都市のレベルには追いついていない。ベトナム全国で見ると、総労働人口のうち高等教育を受けた人材は約17％に過ぎない。これはアジアの平均と比べても低い数字である。教育水準は労働の品質と直結

する問題であり、ベトナムでは専門的教育を受けた人材がさらに必要とされている。また、教育レベルに隔たりが大きければ、都市社会における階層化の進行が心配されるが、ベトナムではその兆候はわずかしかない。

図12．職業専門教育を受けた労働者の割合（2009年）（単位％）

居住地	合計	初級	中級	上級	大学
全国平均	14.9	3	5.1	1.8	5
都市	31.6	5.7	8.9	3.1	13.9
非都市	8.8	2	3.7	1.4	1.7

出典：2009国勢調査、統計総局　（Tổng cục Thống kê: Tổng điều tra dân số và nhà ở năm 2009）

全労働者のうち職業専門教育を受けた割合をみると、大きな都市ではその割合が高い。ホーチミン市とハノイ市そしてダナン市などの大都市では特に高い。一方、北部山岳地帯、中部高原、メコンデルタなど大都市から距離が遠い地域は専門教育の就学割合が低い。この調査結果の全体を見ると専門教育を受けた割合が高いとはいえないが、都市部だけならばけして低くはない。

2009年の国勢調査によれば、ベトナムの全労働者のうち専門教育を受けた割合は40.3％で、全体の半数以下であり、労働者の資質が成熟しているとはいえない。また、全体の69.4％は農林水産業に従事している。これを別の言い方にすると、ベトナムは国民の大多数が農業などに従事している農業国であり、アジア各国に比べても工業化の割合は高くない。更なる都市化と工業化を目指すならば、労働者の資質が問われることになる。そのため教育問題は緊急に対処すべき課題である。

教育レベルは職業の専門的技術を向上させる基盤となる。また、労働者の資質向上は業務拡大や新たな労働創出にもつながる。業務が拡大すれば生産性が上がり、労働者の増収や昇進の機会が増える。これらの要素は個人のライフスタイルを決定する大変重要な要素である。教育レベルは職業だけでなく文化創造にも影響する。継続的な経済発展と文化的な社会構築を目指すならば、教育レベルは欠かすことのできない要素である。

　2009年の国勢調査によれば、ベトナム全国で失業者は1,504,888人であり、そのうち都市部は627,219人であった。つまり、全国の失業者総数の41.7％を都市部が占めている。都市部の失業率は平均4.6％であり、男性のそれは4.9％で女性の4.2％よりも少し高いが、世界平均に比べるとかなり低い。[3]

　社会調査KX.03.20/06-10は聞き取り調査も行った。国勢調査よりも失業率は低いが、98.4％の就業者中87.6％は安定した職業、10.8％は不安定な職種と回答している。そして、現在失業中は1.6％であった。各都市の失業率では南部の都市が北部や全国平均よりも高かった。雇用情勢は北部の都市で比率が高いが、安定していない。また、30歳以下で専門的な訓練を受けていない人のグループは、失業する可能性が高いという結果が出た。

　職業は人々にとってとても重要である。その収入によって本人と家族の生活が安定するということだけでなく、社会関係を構築し、自己

---

[3] 統計総局による失業の定義：15歳以上で働く意志はあるが就労していない者。無職、求職中、就職内定済みの者を含む。また、会社設立の活動や天候や自然災害による一時休業、病気療養や家族の介護や育児などで一時的に休業している者も含む

の能力発揮による充足感を満たす。そのため人々のライフスタイル、特に都市生活者のライフスタイルを構築するのに重要な意味をもつ。現在のベトナムは失業率が低く、ライフスタイルを構成するするよい条件下にある。しかし、現実には、仕事はあっても安定しない労働者が全体の10％以上いる状況であり、進み続けている経済が滞った場合、危機的状況が発生する恐れもある。

雇用状況はその社会の状態を表すよい指標である。ベトナム都市部のライフスタイルの特徴は労働者の雇用状況に表れて来る。都市の家庭を対象に仕事の満足度を聞き取り調査したところ、ほぼ満足は66.5％、満足度が低いは17.7％、高いは15.8％という結果になった。また、業種別にみると自営業では42.1％が満足と答え、収入に不満があると答えたのは3.9％だけであった。都市居住者の大部分は都市で仕事をして収入を得ているが、賃金労働者よりも自営業の満足度の方が高い結果になった。

更に職業への満足度を詳細に分析してみると、収入の比較的多い賃金労働者より自営業で成功している人の方が満足度は高かった。賃金労働者は昇進、技術などの問題とか上司や同僚との人間関係などの問題を抱えている人もいるが、全体の79.6％は大きな問題はないと回答した。収入以外の項目では賃金労働者の満足度は中程度であったが、賃金が現行のままだと将来には不満の原因となる恐れもある。自営業では収入に対する不満度は高くないが、営業の管理や同業者との関係に神経を使うことがわかった。都市部の自営業経営には不確実な要素も多くふくまれているので、賃金労働者にはわからない苦労がある。

現代ベトナム都市部の労働者満足度はかなり高い。これは近年の経済発展を反映したよい指標である。しかし満足度は高いが、職業グループによって指標が異なっている事実を忘れてはならない。

図13. 都市部の職業に対する満足度

		北部		南部		中部		全国	
		指数	%	指数	%	指数	%	指数	%
収入	高	104	13	128	19	124	16.2	356	15.9
	並	537	67	443	65.7	510	66.5	1490	66.5
	低	160	20	103	15.3	133	17.3	396	17.7
昇進	高	83	10.4	62	9.2	66	8.6	211	9.4
	並	551	68.8	505	74.9	556	72.5	1612	71.9
	低	14.3	17.9	87	12.9	128	16.7	358	16
	無回答	24	3	20	3	17	2.2	61	2.7
人間関係	高	112	14	68	10.1	92	12	272	12.1
	並	623	17.8	549	81.5	612	79.8	1784	79.6
	低	48	6	42	6.2	48	6.3	138	6.2
	無回答	18	2.2	15	2.2	15	2	48	2.1

出典：社会調査（KX.03.20/06-10）

3. 建築、設計など都市空間構成と都市ライフスタイルの相互作用

ライフスタイルは周囲の生活の客観的条件によって決定されるが、人の基本的行動は思考により決定されるため、自分自身の思考によって条件が変化するとカール・マルクスは述べた。また、マルクスによれば、その人のライフスタイルはその人の思考である。都市インフラとしての客観的条件の影響は都会生活の中で、この仮説を実証する事実を、建築などの都市空間構成と都市のライフスタイルの相互作用に見ることができる。これを簡単に言えば生活空間の配置と整理だといえる。多くの場合、人々のライフスタイル環境は組織による社会的管

理のタイプをかなり忠実に反映している。

　3,500年前、古代バビロニヤの都市ジッグラトでは空中庭園と呼ばれる方形の都市があり、適切に管理された秩序ある社会であったといわれている。古代ギリシャの都市は自然の景観と密接に関係していた。都市の中核の丘にアクロポリスという多機能センターがあり、民主主義社会の組織の一つである古代ギリシャの原始的なコミューンシステムが機能していた。ローマ時代の古都ポンペイは都市計画がきめ細かくかつ正確に施されていて、長年にわたって強力な法治国家として栄えていた。2,000年前の中国では長安という都が栄えていたが、この都市は碁盤の目のように道路が交差する精緻なレイアウトであった。これはこの都市の社会秩序と法治規制の厳格さを反映している。

　ベトナムの周辺国の中国、カンボジア、ラオスでは、歴史の記念碑ともいうべき壮大な建築が今でも残っている。しかし、昔のベトナムではそのような建築物を都市に造ることはなかった。昔の建築や都市インフラはいくつかの都市、コーロア（Cổ Loa）、ダイラ（Đại La）、タンロン（Thăng Long）、フォヒエン（Phố Hiến）、ホイアン（Hội An）、フエ（Huế）などに残っているが、規模はいずれも小さい。このことからベトナムは農業社会から直接近代都市に変貌したことがわかる。

　都市の設計と建築およびインフラによって都市のライフスタイルは形作られる。都市生活空間の整備計画は都市のライフスタイルを反映した鏡であるが、それだけではなくライフスタイル形成の重要な前提条件でもある。生活の要望によって都市ができるが、都市の形によってライフスタイルは変化する、つまり、都市計画とライフスタイルは

互いに影響しあっている。そのため、今日の近代化と国際統合が進む都市化過程では、都市計画やインフラ構築などの都市空間が急速に変化している。

社会調査（KX.03.20/06-10）で、10年前と比べた居住地域の景観を都市の世帯主に質問したところ、82.3％は以前よりきれいになったと答えている。また、この調査で都市建設の速度を聞いてみたところ、62.9％はとても速い、33％は速いと回答した。ドイモイ政策導入以降、開発計画を急速に展開して都市生活空間を構築したため、都市の景観と環境は大きく変化した。その結果、都市のライフスタイルは多次元の影響を受けて大きく変化した。

都市の景観、建築物、生活空間、住宅は都市のライフスタイルを構築する上で非常に重要な役割を担っている。また、都市部の家庭の収入が近年急速に向上したことで住宅の改善に大きく影響した。建て替えと改装や増築が進んだことで、個人の住宅がきれいで近代的になってきた。近年、土地や住宅の値段が大都市を中心に高騰しているが、都市部在住者の92.4％は居住場所があると答えている。2009年の国勢調査でも居住場所がない家庭は世帯数1万に対して6.9世帯だけであった。

居住家屋の種類では、61.4％が鉄筋レンガ造り、13％がアパートとマンション、老朽家屋が23.9％、そして仮設住宅が1.8％であった。この10年で都市部の住宅事情は改善されている。住宅と同様に都市の建築やインフラは近年大きく改善された。そして、現在でも都市居住者が希望する住宅は土地を購入して一軒家を建てることである。社会調査（KX.03.20/06-10）の結果がそれを裏付けていて、全体の84.7％は自分の土地に家を建築することを望んでいる。最近ではさまざまなサービ

スがある便利なマンションもあるが、アパート・マンションの購入を希望するのは15.3％に留まっている。とはいえハノイ市やホーチミン市のような大都市ではアパート・マンションを希望する割合が徐々に増える傾向にある。一方、中小の都市ではあいかわらず一軒家志向が強い。このような住宅志向を見ても、ベトナムは農業国であり、都市生活者のなかにも農民精神が根強く残っているように思う。

図14. 構造別都市部住宅構成比（％）

	現在	10年前
鉄筋レンガ造り	61.4	9.3
アパート／マンション	13	12
老朽家屋	23.9	67.7
仮設家屋（葉、竹などによる）	1.8	11

出典：社会調査（KX.03.20/06-10）

2006年に北部で行われた調査によると全体のおよそ半数が堅固な恒久家屋に住んでいた。全国平均で恒久家屋は55％であり、農村部と比べて都市部の住宅は、構造が堅固で品質も高く、改善が早かったことがわかる。これは各家庭の収入が生活水準に大きく影響している結果である。しかし、都市部では土地と家屋の値上がりが著しいので、都市で暮らす家計に影響している。同じ都市の居住者でも収入によって住宅環境は大きく分化している。裕福な家庭では恒久的構造の大きな家に住み、家族一人当たりの占有面積も大きい。一方、収入の少ない家庭では、老朽家屋やニッパ椰子や竹で造った仮設家屋もしくは狭い貸家や貸間で生活することが多く、快適とはいえない居住環境である。

建築やインフラは都市空間を組織化する効果があるが、特定の形に偏ってしまう懸念がある。現在のベトナムには都市開発に関する統一的な指針がない。そのため、地域ごとの計画で開発が進められている。もし省、地域、都市などの自治体が連絡を取り合って開発を統一すれば、互いの重複や矛盾を排除することができる。

図15. 北部都市の家庭住宅種別構成比（％）

大型住宅	1.3
中型住宅	46.7
小型住宅	19.5
恒久構造でない住宅	27.8
仮設家屋、その他	4.7

出典：2006年ベトナム家庭調査：北部都市データ、文化体育観光省、統計総局、家庭ジェンダー研究所、ユニセフ 2008, 816ページ（Điều tra gia đình Việt Nam năm 2006: *Số liệu về đô thị miền Bắc*, Bộ Văn Hóa, Thể Thao và Du Lịch, Tổng cục Thống kê, Viện Gia đình và Giới và UNICEF, 2008; 816.page）

図16. 都市家庭における自宅の建築設計に対する関心度（比率：％）

	サンプル数	比率
とても興味がある	1,987	66.2
興味がある	907	30.2
興味がない	106	3.5
合計	3,000	100

出典：社会調査（KX.03.20/06-10）

これは、ベトナムで全般的に言えることであるが、都市開発計画の長期計画や地域振興のための方策が十分ではない。これまでにもさまざまな都市開発の企画はあったが、その多くは調整や修正をくり返しているうちに消滅してしまった。この問題の原因は多様であり、解決

は簡単ではないが、主な原因は計画段階での知識不足であり、行政機関と専門知識を持っている研究機関との間に協力関係がないことにある。都市計画は多くの側面を視野に入れて実施しなければ成功しない。ましてやハノイ市やホーチミン市のような大都市では多くの専門家の参加が必要である。

　建築や土木の専門家だけでなく、経済、文化、社会などの専門家の参加も必要である。多くの都市計画は中央政府の意向に従ってなされるが、その都市の実体と経済に基づいて行われるべきである。[4]

　狭い視野で都市開発のような大きな仕事に取り組んでも成功することは難しい。もし進歩的で現代的な基準に沿って計画がなされれば、その都市は一層文明化して、生活条件が大きく改善される。

　都市開発の指針は現実を反映していない場合、現在と将来の要件を満たすことができない。そのため、多くの分野での進展を複数の企画ユニットで注意深く計画しなければならない。都市開発のための土地使用や都市空間計画に合意を得るのは簡単ではない。現在の都市計画では主要な部分でも実施段階で遅延することがよくある。脆弱な計画では実施に一貫性がないため何度も修正される。これは、都市計画の多くが、近年加速化しているベトナムの都市化のスピードに追いついていないことを意味している。居住者の立ち退き問題、整地処理、財務能力の欠如、長期的視野の欠如、さまざまな圧力など、都市建設の分野においてさまざまな弱点がある。都市の住宅地建設プロジェクトは、都市計画に沿って実施しなければならないが、現実には公共用地

---

[4] Quy hoạch đô thị:Những khái niệm bị lật nhào) ,http://tuanvietnam.vietnamnet.vn, ngày 18-5-2010

の面積を削った宅地の切り売りにすぎない。

　住宅地の指標に基づき高密度な住宅を造るべきだが、現実は社会福祉や緑地化などの現代都市基準を満たしていない。また、地域社会や民族の文化に根ざしたベトナム独自の建築スタイルや都市設計があってもよいとは考えられないのだろうか。現代ベトナムの都市は、急速な都市化の波に押し流されているだけで、独自のアイデンティティを堅持していない。最近、都市部では高層集合住宅の人気が高まり、いくつも建てられているが、設計図は外国で使い古されたコピーに少しだけ修正を加えただけのものである。

　都市の開発工事では施工だけでなく、検査も厳格に実施して工事を監督しなければならない。現行の検査は厳密であると言い切れるだろうか。都市計画に違反する建築は珍しいことではない。違反建築は都市空間の機能を損ないかねない。最近では建築に投資を集中しているが、建設される都市インフラの品質は低い。不完全、低品質、低寿命な状態では都市開発の要件を満たしているとはいえない。

　以前から言われていることであるが、交通と公共施設の土地占有率が低い。そのため公共交通機関が脆弱であると指摘されている。

　また、大都市でもいまだに井戸を使っている家庭が多数残っている。井戸水は確固たる衛生基準がないまま使用されているが、地下水が汚染されれば大きな被害につながる。

　工業団地などの集中工業地域の環境や生産設備の適切な運用は当局によって指導されているが、その指導の拘束力は弱く、違反を抑制する能力に欠けている。

　電力供給にも問題がある。送電設備が旧式なため電圧変動や停電な

どの問題が発生していて、電力品質は高いとは言えない。

　官民両方の財政上の問題により、不動産や土地開発が施工途中で一時凍結されているのをよく見かける。見通しの甘い長期計画では一貫した開発は難しい。

　上記のような事象が発生するのは、各自治体の都市計画と管理能力に原因がある。都市計画は経済、文化、社会などの都市の資源を有効に活用して、合理的に進めなければならない。さまざまの公共サービスを提供しながら、市民生活の品質を維持・改善していかなければならない。ベトナムでは文化的な都市建築を目指した都市計画が進められているが、人事計画や都市計画の具体的実施に問題がある。これは都市管理の弱さを反映して多くの欠点が露呈したものである。

　これまでのところベトナムの都市開発は、統一されたものではなく場所によって開発速度が違うような部分的開発であるため、「虫食い型」とか「モザイク型」と呼ばれることも否めない。1996年に策定されたベトナムの都市開発計画では、2020年までに46万ヘクタールの土地を開発する予定であった。しかし、2006年の時点で47万7,000ヘクタールが開発されていて、この計画は14年前倒しで完了した。2006年の世界銀行の発表では、「ベトナムの主に都市周辺部では、毎年1万ヘクタールの農地が都市用地に変更されている」と報告されている。これは、食料の安全保障を提唱する国の政策と矛盾してはいないだろうか。この問題は主に二つの原因による。

　この問題を客観的に見るならば、過去の都市化プロセスに原因がある。都市化がはじまる前に工業化が開始されたため、自己中心的な開発計画になってしまい、農業保護などを勘案していなかった。欧米諸

国では近代的な都市開発に先駆けて数十年の工業化移行時期があった。産業革命からはじまった工業化の過程で、農業労働者は徐々に都市に移住して工業労働者となった。ベトナムでは最初に工場が建設されたため、周辺の農業労働者は工場の操業日から工業労働者になった。年間100万人以上の農民が速成で工業労働者になり、人口だけは増えたが都市のインフラが追いつかなかった。農村とは違い、都市には都市のインフラが必要である。最低でも30～35％の面積割合で必要であるが、ベトナムでは都市インフラが10～15％しかなかった。都市の交通に必要な面積は都市の20～25％と言われているが、実際にはこの基準を大きく下回っている。そのため、ハノイ市では市民1人当たり5.8㎡であり、ホーチミン市では2.9㎡しかない。また、上下水道、電力、環境衛生などの設備も世界の標準と比べるときわめて低い。

　ベトナム都市協会によると、現状の人口増加が続いた場合、2020年までに3項目の事業で89億ドルの予算が必要であるという。他に上下水道の整備は2020年までに130億ドルが必要である。また、ハノイ市の交通網を整備する場合、2020年までに250億ドル必要であり、ホーチミン市の交通整備には更に多くの予算を必要とする。

　都市管理組織が都市開発を管理運営するのであるが、業務内容があまりにも多すぎて、その権限を正当に行使できていない。現状の都市管理は農村の管理システムを少し修正したものにすぎない。村や田舎町の管理と都市管理は規模だけでなく内容も違う。都市は急速に発展したが、管理はそれと同水準に推進されていない。専門家を配置し、都市管理者の資格を定めるなどの管理要件が十分ではない。

　管理の不備を概略すると建築やインフラなどに起因するものと、都

市の空間構成の問題に大別することができる。この問題は限られた思考や生活習慣から出たものであり、文明化と進歩に向けて、都市のライフスタイルを構築するプロセスにマイナスの影響を与えている。

4．都市のライフスタイルと都市サービスの相互作用
　(a) 現代都市の教育とライフスタイルとの相互作用

　教育は人と社会を発展させる重要な役割があるが、人口の多い都市では非農業社会であることを前提として、近代的な都市のライフスタイルを構築する人と社会を支援する人材を育成しなければならない。特に急激に都市化しているベトナムでは、都市開発に必要な教育環境を整備することはこれまで以上に急務である。現在の都市で必要とされる人材を育成することを主眼にして推進しなければならない。都市で求められている人材すなわち発展の要件を満たすための資質とは、単に資格や卒業の検定に合格したというだけでなく、創造的で独立した思想を持ちながらも社会規律の意識が確立した人材である。別の言い方をするなら、教育とはベトナムを文明化させる方法のひとつである。そのため、教育はベトナムの一般的なライフスタイルを構築する上で大きな意味を持つが、特に都市のライフスタイル構築には重要であり、ベトナムがHDI（人間開発指数）の順位を上げるためにも重要である。

　都市において教育システムは中核である。ベトナムの教育システムは、以前に比べれば改善されているが、読み書きを教える一般教育を改善するだけではなく、これからの国や都市建設を担ってゆく主要な人材を育成しなければならない。教育の策定は国の分担であり、政府は重点的な社会政策の一環として教育への予算配分を増加させてい

る。その結果、ベトナム都市部の教育環境は以前に比べて向上している。また、農村部など都市以外の地域と比べても向上している。特に大きな都市の教育システムは規模だけでなく形式も向上している。

教育と教育制度の発展レベルは、都市生活の質を評価するための重要な基準の一つであり、求められている内容に則ったものでなければならない。教育システムの充実は市民サービスの一つであるが、自治体内の生活の質（Quality of life）を評価する上で重要な指標でもある。

社会調査（KX.03.20/06-10）によれば、調査対象都市の世帯主の61.9％（全国平均）は、教育環境が以前より改善され、より良い方向に進んでいると回答した。この調査項目で改善されていないと解答したのはわずか14％だけであった。現在の教育制度にもいくつかの問題はあるが、教育の成果を否定することはできないだろう。自治体が提供する教育システムは一種の住民サービスであるが、すべての人々の豊かさに貢献するため多様な学習ニーズに応えなければならない。

教育環境は改善されて成果も上がっているが、市場経済の影響により教育の質と公平性という問題に直面している。確かに政府は教育費を増額し教育環境の向上に努めているが、よりよい教育を受けさせたいと考える都市部の家庭では、教育の選択肢が増加し、教育費の負担が増えている。これでは市民の社会的要求に応えているとは言えない。現在では、各家庭の支出で教育費が占める割合が大きく、しかも増加する傾向にある。農村部から都市部へ新らたに移住してきた家庭に代表される特に貧しい家庭にとって、都市の教育環境は家計の大きな負担となる。農村部からの移住者は、教育環境の調査で14.7％が悪化したと答えている。一方都市部からの移住者で悪化したと答えたの

は12.1％である。しかし、大半の家庭は現在の都市教育環境を好意的に感じている。[5]

図17. 教育環境評価

		教育環境レベル（％）		
		よくなった	変らない	悪くなった
都市部	北部	78.6	14	7.4
	南部	42.1	35.1	22.8
	中部	65	23.2	11.8
	都市平均	61.9	24.1	14
以前の居住地	非都市	60.2	25.1	14.7
	都市	66.6	21.3	12.1
	合計	62.8	24.1	14

出典：社会調査（KX.03.20/06-10）

　社会調査（KX.03.20/06-10）の結果では、教育環境が改善されたと答えた割合が地域によって大きく違っていた。南部42.1％、中部65％、北部78.6％という結果であり、南から北上するにしたがって指数が上昇している。

　学校を選択する場合の判断基準は単純ではない。学校の設備や関連する機器、教師の質、授業料やその他の経費、生徒のレベルなどさまざまな要因を勘案しなければならない。しかし実際には、さまざまな要因の最上位に学費の問題がある。所得の低い家庭にとって選択肢は少ない。高い収入があれば学費の問題で悩むことはないが、所得の低い家庭にとって教育費は大きな障害になる。より良い教育を受けさせたいと願うのはどの親も同じであるが、都市部の低所得層にとって高い教育費は大きな問題である。都市部の家族では教育費に収入の約

---

[5] Số liệu điều tra xã hội học của đề tài KX.03.20/06-10

30％費やしているが、これは生活にどうしても必要な飲食費や消費財購入費よりも大きな負担となっている。ただし、家計に占める教育費の割合は都市によって異なる。

最近の都市の標準的な家庭は、親子2世代が多いことが社会調査（KX.03.20/06-10）やその他の調査で明らかになった。また、ほとんどの家庭では子どもを大学まで進学させたいと望んでいる。子どもの教育に関連して、ベトナムの都市部では多くの子どもを望まない家庭が急速に増えている。家計に占める養育費や食費を抑えて、少ない子どもの教育費に集中させるためである。例えば、扶養家族が子ども1人の家庭の場合、87.7％が大学まで進学させると考えているが、扶養家族が4人の家庭ではその割合が10.4％まで減少してしまう。もし、扶養家族が5人以上なら、すべての子どもを大学へ進学させるのは容易ではない。現実問題として、都市部の貧困層では子どもに高等教育を受けさせるのはむずかしい。調査でもそのことを反映していて、都市部で子どもを大学まで進学させたいと考えているのは過半数の69％だが、貧困層では全体の3.8％しか希望していなかった。

教育とは実務だけではなく道徳を学ぶことにより、より良い都市ライフスタイルを構築する効果が期待できる。学校の第一目的は学業であるが、若い人に都市社会への適応を促す効果もある。現代文化に沿ったライフスタイル教育は、急速な都市化により発生したさまざまな問題を解決する第一歩となる。現在の都市社会は、外部から市場経済や新たな価値観が奔流のように流入している。その影響により社会は複雑化しながら急速に拡大している。そのため、若者のために道徳やライフスタイル教育はこれまで以上に急務である。

図18. 都市部の貧困世帯と非貧困世帯における第1子の高等教育希望率[6]

	非貧困世帯	貧困世帯	全国平均
中学校	0.1%	0%	0.1%
高校	0.3%	3%	0.4%
中級専門学校	23.5%	93.2%	26.7%
高等専門学校	2.5%	0%	2.4%
大学	69%	3.8%	66%
大学院以上	4.6%	0%	4.4%
合計	100%	100%	100%

出典：社会調査（KX.03.20/06-10）

図19、都市部の貧困世帯と非貧困世帯における第2子の高等教育希望率

	非貧困世帯	貧困世帯	全国平均
中学校	0	0	0
高校	0	0.8	0
中級専門学校	9.1	91.7	13.8
高等専門学校	1	0	0.9
大学	81.9	6.8	77.6
大学院以上	8	0.8	7.6
合計	100	100	100

出典：社会調査（KX.03.20/06-10）

　社会問題・教育環境研究所が複数の都市で調査したところ、若い人の82％はライフスタイルについて学んだことがないと回答した。また、学習経験1回は12.2％、複数回は5.8％だけであった。[7]

　この調査で「生活で困難なことがあったらどうするか」と質問したところ、42.9％は「自分で解決する」と答え、52.4％は「人に助けを

---

[6] （翻訳者注釈）中級専門学校とは職業訓練校。高等専門学校とは単科大学（college）に相当する。

[7] Tạp chí *Tuyên giáo điện tử*, ngày 12-5-2010）

求める」と回答したが、4.7％は「やり過ごす」と答えた。都市部の教育では今もライフスタイルあるいはライフスキルの学習がなされないまま、学生は社会へ送り出されている。

現代の都市部の一部の学校では、社会の急速な変化に流されて、校則や教員を軽視するようなモラルの低下や校内暴力のような社会悪が報じられている。ホーチミン市第6区の生徒500名に調査したところ、32％の生徒は教師に無礼なことをした経験があり、38％の生徒は学校外で教師に会ってもあいさつしないと答えた。道徳意識の低下は社会悪の始まりであり、犯罪にもつながりかねない。都市部の犯罪は多様で複雑になっているが、少年犯罪が増加しているという報告もある。2009年の各機関の報告によれば、学業放棄、家出、不良行為、窃盗、薬物使用など都市部だけで2万件の補導があった。ある都市では少年がギャングのように武器を準備して集合していたという。38の教育機関による報告によると、2003年から2009年にかけて8,000人以上の生徒が暴力事件を起こして懲戒などの処分を受けた。[8]

社会調査（KX.03.20/06-10）で都市部3,000世帯の調査結果によれば、都市部の少年は遊び好きで農村部の少年のように勤勉でないことがわかった

学校教育の質が低下した原因の一つとして、学校の教育システムが識字率の改善だけを主眼にしていた昔の考え方から抜け出していない点があげられる。読み書きなどの実務能力だけに重点が置かれていて、現代の都市生活の事情を加味していない。また、現在の学内規則

---

[8] Báo *Thanh niên điện tử*, ngày 26-11-2009）

は違反したら処分するという事後処理型である。そこから抜け出し、事件を予防することに注意をはらい、適正な指導を行う事前指導型に改めてはどうだろうか。学生のライフスタイルは道徳の一例であると考え、現在の教師の教育目標が倫理基準に違反していると指摘する教育家もいる。青少年のライフスタイルを考えると、学校間の連携や道徳教育における家族と社会のあり方に多くの欠点がある。教育環境を調整することには実用的な解決策が含まれていて、効率的で実現可能なことが重要である。

　教育研究所の調査で4大都市（ハノイ市、ダナン市、ホーチミン市、カントー市）2,000名の生徒を対象に調査した結果によれば、75％以上の教師が生徒の将来について明確なビジョンを持っていなかった。多くの生徒は将来に対する自信がないまま卒業していく。このことは他の調査結果でも明らかで、75.4％の卒業生は自立した生活を望んでいない。[9]

　今日のベトナム都市社会で、学校は学問を教えるだけでなく、さまざまなニーズに応える教育制度が求められている。都市の教育システムは都市の人的資質を向上させるため、知識を広げ深める学習に積極的に取り組んできた。これは、都市ライフスタイルを構築する進歩への能動的貢献であった。しかし、現行のシステムが目指す方向は都市の急速な発展による社会変化に対応できていない。また、家庭の所得によって進路が限られてしまうのは社会的差別である。教育制度の改革によって現在の都市教育システムは利点も多いが、より良い都市ライフスタイルの構

---

[9] Báo *Dân trí điện tử*, ngày 9-10-2009

築という観点からみると、マイナスの効果が内在している。

(b) 都市部の保健と医療組織

　都市は保健・医療システムを提供することによって市民の健康を守る責任がある。適正な価格で優れた品質の総合医療を周辺部も含めたすべての居住者に提供しなければならない。構築する保健・医療システムは、都市の人口やその都市の特徴、そして市民のライフスタイルを反映したものでなければならない。ドイモイ政策の実施以降、都市の保健・医療システムは質量ともに拡大した総合医療を提供してきた。また、市民に医療を提供するとともに都市の近代化や都市型ライフスタイルの形成にプラスの影響を与えてきた。都市部の医療システムは以前よりもはるかに改善され、都市部の人々の健康に貢献している。都市部の医療は市民の期待を超えるほどの発展をみせた。これはベトナム医学界の大きな成果といえる。

　社会調査（KX.03.20/06-10）での医療関連の調査によれば、87％の人が「都市部の医療環境は改善されている」と回答した。しかし、「医療施設は混雑しすぎている」（79.5％）という意見や「医療費が高すぎる」（61.8％）という意見もある。また、50％の人は「最近の病院は計算高く、サービスの質が低い」と回答している。

　この調査結果は今日の医療制度や病院の問題を反映している。都市の医療システムは進歩し、居住民のライフスタイルを充実させる働きをしてきた。しかし、治療や予防など健康に寄与する具体的な部分で、現代市民のニーズに適合していなかった。そのため、都市のライフスタイルに悪い影響を与える結果となった。

確かに、都市の医療は充実したが、市民が求める病院への要求は多様化している。このようなさまざまな要求を予測してそれに全て応えるのは困難である。また支払える医療費は所得によって異なる。その結果として市民のニーズに合わないことが起こる。都市部の病院や診療所は、専門的な医療サービスを提供する必要性から過負荷の状態にある。価格とサービス品質の不均衡、予防医学の普及不足、検査や治療などに不備がある。現在、都市部の病院、特に公立病院には多くの来院者が訪れ、あまりにも過密な状態にある。そのため、金銭的制約で私立病院に行くことができない貧困層や障害者は、とても長い待ち時間を強要される。医療費の高騰は以前から問題になっているが、現在でも効果的な解決策がなく、多くの市民に影響している。また、病院によっては設備の更新が遅れていて、院内感染なども問題になっている。この様なマイナス要因によって、都市の医療は都市生活に悪い影響を与えている。社会調査（KX.03.20/06-10）でも過半数は満足あるいは許容できると回答したものの、25%は明白に不満を表明している。

図20. 都市部の医療に対する評価

検査と治療	北部		南部		中部		全国	
	指数	%	指数	%	指数	%	指数	%
満足	161	16.1	158	15.8	114	11.4	433	14.4
許容できる	600	60	623	62.3	614	61.4	1837	61.2
不満	239	23.9	219	21.9	272	27.2	730	24.3

出典：社会調査（KX.03.20/06-10）

　このデータを分析すると、さまざまな問題を指摘できる。

第三章　ベトナム都市生活への多面的アプローチ　107

- ベトナムでは医療分野への投資が少ない。経済発展にともなって都市が大きく成長したが、医療がこれに追いついていない。
- 医療システムの開発で配分の不均衡が依然として存在する。
- 都市社会が分化と階層化する中で医療の公平性が保たれていない。
- 医療システム管理の刷新と最新医療への更新が遅れている。医療業務の社会的管理には多くの困難な要素がある。
- 健康保険システムの組織及び運営に限界があり、不十分である。

(c) 都市部における今日の娯楽とリクリエーション

　仕事の緊張をほぐすためには息抜きが必要である。これは都市に限ったことではないが、文化的な生活に娯楽はなくてはならない。社会調査（KX.03.20/06-10）で娯楽を調査したところ3つの傾向が明らかになった。

　まず、最近のベトナム都市社会はインターネットやテレビなど現代的な情報媒体が深く浸透している。

　次に、都市部では知的製品より文化的な製品を好む傾向がある。そして、娯楽は伝統的なものより現代的なものが好まれる。この傾向は若い人ほど顕著であるが、他の世代にも広がっている。調査によれば、91％の人は毎日テレビを見ていて、66％は定期的に新聞を読んでいる。つまり、ほとんどの人がテレビや新聞を見ていることになる。また、これは世界的な傾向といえるが、ベトナムでもインターネットの普及率が伸びていて、全体の29.7％は週に何度も利用している。調査結果によれば、マスメディアはますます社会生活の重要な要素になりつつあることを示していて、テレビはすべての家族にとって欠かせ

ない一般的な娯楽となっている。ほぼ100％の家庭にテレビがあり、8.4％の家庭にはテレビが3台以上ある。また、64％の家庭には1台以上のパソコンがある。

インターネットは新しいメディアとして1997年後半にベトナムで利用が始まり、その後都市部を中心にして急速に広まった。調査結果によると、都市部の家庭では50％以上が自宅でインターネットに接続している。そして、86％の人が毎日あるいは数日ごとに余暇時間を利用してインターネットを使用している。2005年と2010年を比較してみると、インターネットが数年間で大きく広まったことがわかる。

図21. ハノイのインターネット利用状況（％）

年	毎日	週に数回	とても少ない	利用しない
2005	4.2	7.2	9	79.6
2010	31.2	35.8	20.2	12.8

出典：社会調査（KX.03.20/06-10, 2010）（KX.05.03, 2005）(Khảo sát về lối sống đô thị, đề tài cấp nhà nước, mã số KX.03.20/06-10, 2010) (và Khảo sát đời sống văn hóa đô thị và khu công nghiệp Việt Nam, đề tài KX.05.03, 2005.)

上の表はハノイ市のものであるが、ホーチミン市やダナン市でも普及状況は同じである。毎日利用を含め67％の人が週に何度もインターネットを利用している。都市では余暇を利用した息抜きではなく、毎日の習慣のようになっている。

都市にはさまざまな娯楽があるが、年齢によってその嗜好は異なる。2005年に行われた工業都市の文化生活調査によれば、都市部の住民はスポーツ競技に興味があり、競技場などのスポーツ施設に行くことを好んでいた。特に男性はその傾向が強かった。

図22、北部都市住民の余暇活動（％）

余暇活動	毎日	週に数回	とても少ない	利用しない
テレビ	91	8.4	0.6	0
新聞	65.8	28.3	4.9	1
インターネット	29.7	35.7	20.7	13.9
読書	2.2	22.4	64.2	11.2
スポーツ	29.6	36.4	29.6	4.4
友人交際	4.6	45.1	47.2	3.1
映画、演劇	0	0	89.8	10.2
ショッピング	20.7	34.1	44.6	0.6
観光	0	1.6	92.1	6.3

出典：社会調査（KX.03.20/06-10）

　若い人は競技場などのスポーツ施設とか映画館や遊園地などに行くことが多い。一方、お寺参りなどに行くのは年配の人が多い。いずれにせよ都市部の娯楽は急激に多様化している。また、ベトナムでは家族とともにさまざまな娯楽を楽しむことが一般的に多い。過去5年間の娯楽をたずねたところ、86％が自分個人の楽しみより家族を優先すると答えた。また、現在でもその形態にほとんど変化はなく、家族優先ではないと答えたのは2％だけであった。また、家族の記念日などにパーティを開くことも多い。社会調査によれば、家族や親類が集まって誕生日や結婚記念日などをお祝いしていることが明らかになっている。

　高齢者の長寿を祝う習慣がベトナムには農村部を中心として伝統的にある。その伝統が都市でも受け継がれている。中小の都市で実施された調査で高い割合で家族の長寿を祝う習慣があることが示された。大都市でも家族の長寿を祝うような記念日が家族内にある。しかし、最近では

この習慣を守る家庭が少なくなっていて、長寿や誕生日のお祝いを家族で開催しなかったり参加しなかったりする人がいるようになった。

　大都市の物質的生活の急速な向上に伴い、仕事以外の余暇時間の過ごし方が多様化したため生活の仕方や心情も多様化した。これは工業化と近代化そして国際統合の都市社会時代の顕著な傾向であり、娯楽に使用する物質的なものだけでなく、都市部居住者のさまざまなニーズを満たす複雑な過程でもある。

5．都市部の家庭生活と同族活動

　家庭とは人が生まれ、体や心が成長していく場である。家庭という生活単位が集合して集落となり、集落がさらに集合して都市になる。そのため個人のライフスタイルを形成する主要なプロセスの場であるとともに、都市のライフスタイルを決定する重要な役割を持っている。子どもは父母の経験を教わりながら成長する。生活様式や民族の文化を家庭で習得しながら人格が形成される。そのようにして出来上がった個人のライフスタイルが都市のライフスタイルになってゆく。

　家庭は子どもが接触するはじめての環境である。家族の愛情に包まれ、家族に導かれながら、家族や近隣とのやり取りで知識や経験を積み重ね、試行錯誤しながら生活のスキルや社会的な行動パターンを習得する。子どもの立場からいえば、家庭とは社会性を最初に学び練習する学校である。そのような機能以外にも、家庭は道徳と美的感覚そして物事の価値観などを身に付け、その人のライフスタイルを開発する重要な役割を果たしている。家庭には成長していく子どもの方向性を決定づける二つの要素がある。一つは家庭の収入などの家庭環境、

もう一つは年長者から受け継がれたその家庭の生活習慣である。

　家庭とは伝統を実地で学ぶ社会教育の場である。家庭の発展状況によって形成される価値観や規範的行動などのレベルが異なる。社会の発展に比例して規範や行動は変ってくる。家庭と同じように社会との接触でも人格は大きく影響される。社会との接触では歓迎されない情報も入り込み、複雑化する原因にもなる。しかし、その家庭が愛情に満ち、安定しているなら、正しいものだけを受け入れて、悪影響を及ぼす情報を排除するフィルターの役割をはたす。個人のライフスタイルは周囲の社会と密接に関係しながら、自分の家庭を雛形として形作られる。そのため、家庭の文明化や進歩はそのままライフスタイルにプラスの影響を与え、社会を文明化させる働きがある。

　社会調査の結果を時間軸に当てはめて考えると、現代は工業化と都市化が進行する過度期であり、外部の世界から押し寄せてきた近代化の波はベトナムの家庭に大きく影響している。そのため、家庭生活の機能、構造、役割、範囲なども変化している。そして、経済発展によって物質的な生活水準は改善されている。都市部の家庭では"核家族化"が広まり、都市家庭では旧来からある一部の機能が弱くなっている。多世代で暮らすことがなくなり、家族の人員が少なくなったことで年長者から年少者へと引き継がれる情報伝達システムに影響が現れている。経験や知識を若い世代に伝えていくことは社会の重要な機能であるが、その最小単位である家庭が核家族化することでその意識が希薄になりつつある。現在、都市と家庭の関係は急速に複雑化している。家族構成の変化により、伝統を継承する機能が弱体化している。しかし、社会がグローバル化しようとも各個人の基準となる家庭は社

会の重要な基盤であることに変わりはない。

　ベトナムの家庭は、過去数千年にわたり農民精神をよりどころとしていた。伝統的な農業社会には男性の年長者を敬う習慣があった。現代は女性や若者の存在も尊重され誰もが独立した権利を有する。伝統的な価値観は形を変えて男女平等になったが、伝統的習慣のすべてがなくなったわけではない。

　例えば育児は古来女性の仕事であったが、現在では男女の区別なく家庭内で柔軟に対応している。以前は父親が家庭内の権力を独占していたが、現在はそうではない。しかし、伝統的な束縛がなくなったことで今は離婚が増え、結果的に片親がいない子どもが増えている。2009年の統計調査によると、都市部世帯の家族数は平均で3.7人であった。この数値はこれまでの調査で最小の人数であり、この10年で25％減少したことになる。調査結果で家族数が一番少なかったのは、北部山岳地帯と中部高原地帯の3.2人で、次に少なかったのは北部の3.4人、一番多かったのは南部のメコンデルタ地帯の3.9人であった。[10]

　この調査によれば、都市部の家庭は核家族が多く、全体の82％を占めていた。3世代以上が同居しているのは全体の18％にすぎない。また、すべての都市には依然として家父長制が根強く残っているが、女性の地位は急速に向上している。ベトナムの典型的な家族制度には伝統的な様式が残っているが、女性の地位は確実に向上している。特に都市部では向上していて、調査によれば、都市部の女性が家長となっている割合は39％に達している。これは農村部の21％と比べてはるか

---

[10] Tổng cục Thống kê: *Tổng điều tra dân số và nhà ở năm 2009: các kết quả chủ yếu*, Sdđ)

に高い。また、女性は家事のみに従事する専業主婦でなく、女性がその家の主な収入を稼ぎ出している家庭もある。

　ベトナムの伝統的なスタイルでは、家長は"お父さん"ではなく"おじいさん"である。つまり、その家で一番年長の男性が家長である。2006年の調査で都市部の最近の傾向を確認してみたところ、年長の男性が家長である割合はわずか16.8％にすぎなかった。そして、家長の定義として多かったのは「収入が一番多い人」という回答であった。この回答結果により、誰が家長かという決定要因として、都市部では男女差とか年齢よりも経済的な要素が大きく評価されていることがわかった。都市部の学歴の高い女性の収入は男性とほぼ同じである。そのため収入を基準に家長を決定するならば、家によって"お父さん"であったり"お母さん"であったりする。2006年に行われた家庭調査でもその結果は同じであり、北部の各省や都市でその傾向が強い。都市の家庭では家長は性別にとらわれないし、"お父さん"と"お母さん"の両方が家長であるという認識もある。

　家長の概念は変化していて、特に北部の都市ではその傾向が強い。2010年の社会調査（KX.03.20/06-10）では家庭の中の分業を調査対象としなかったが、最近の調査によれば認識の変化がはっきりと示されている。都市部の家庭では夫と妻の間に権力差はほとんどなく、重要な決定事項は共同で決定し、家事はそれぞれを分担して行うことが多くなっている。2000年から2006年の工業化に関連する調査結果によれば、依然として家長は男性であり、家族に関する重要な意思決定権は男性にあった。また、男性の家長が主な収入源であると同時に財産の管理者でもあった。この調査は、職業の男女差についても調べてい

る。企業や公共施設などで男性と同じ仕事をしても女性は男性より給料が安かった。しかし、最近の都市部では農村部とは違い男女差は減少する傾向にある。都市の家庭では、夫と妻に課せられた責任を共同して担務することが共通の認識として一般化している。都市の女性は農村部に比べて社会進出することが多く、家庭内の管理や意思決定を主導することが多くなった。

　新興都市や新設の工業団地では、地域の基盤産業が農業から工業へと短期間に大きく転換し、コミュニティ内の農民の暮らしも大きく変化した。農地であった土地が工業用地として買収され開発されると、その地域は新興都市となる。急激な転換により家族のあり方やモラルが変ってしまった。個人の快適性を追及し、生活空間はよりプライベートなものに変化した。農業の場合、家族総出で同じ作業をするが、会社などの賃金労働では各人の生活時間は異なり、夕食時などが唯一家族と顔を合わせる時間となった。昔のように家に年寄りがいないので、労働に従事する間はお金を出して保育所などに子どもの世話を依頼するようになった。また、地域の若者はより良い仕事とはなやかな都市生活を求めて農村から都会へ出て行く。このような状況により夫と妻、親と子、祖父母と孫などの家族関係は希薄になっていく。そのような環境で個人のライフスタイルは利己的で実利だけの関係を求めるようになり、その風潮は家族から地域社会へ、そして都市へと広がって行く。

　都市経済の調査によれば、地方自治体は約4.4％の家庭が貧困層であると認定しているが、都市で貧困に陥る特徴は次のように要約される。

　・子どもが多い場合には食費に費やす支出が増える。

・都市に来て間もない時期は貧困に陥る危険性が高い。

　都市家庭の有利な物質的条件は、経済成長と都市化のプロセスを推進し、生活の質を向上させることに貢献してきた。しかし、経済至上主義が推進され、生活水準が改善される陰で一部の家庭の倫理と生活が見落とされた。都市家庭の物質的条件により生活は豊かになったが、すべての人が平等に発展したわけではない。特に若い人の間で大きな差異がある。実際の問題として都市化、工業化、近代化と国際統合が家庭に与える影響にはプラスとマイナスがある。経済構造改革の過程で農業を基盤とする社会から工業化社会へと本質的に移行したことで、現代の都市家庭は物質的生活を改善する条件が整い、家族の生活範囲が広がった。都市の教育や医療などの社会条件は農村部にくらべて多様で充実している。生活にゆとりができることにより個人の能力を開発することが可能になる。都市の社会環境では経済的な競争が盛んであり、家庭はこの競争の只中に置かれる。

　都市居住者も誕生日など家族の記念日に催しを行う。毎年の儀礼のなかで命日の法要は旧暦の決まった日に行われる。また、古くからある伝統的な祭日よりも、近年始まったクリスマスや新暦の正月、あるいはバレンタインデーのような新しい祭日も一般的になってきた。また、最近ではアメリカから入ってきたハロウインという祭りが大都市を中心に広まっている。クリスマスは元々キリスト教の祭りであったが、今はキリスト教徒でなくてもクリスマスイブにはパーティに参加したりする。クリスマス以外にイースターや花祭り（潅仏会）のように信仰とは関係なく家族が楽しむ祭りもある。また、高齢者の長寿祝い、生まれた子どものお七夜祝い、あるいは1歳の誕生日を盛大に祝う

習慣も一般的である。

　家庭での儀礼習慣についてたずねると、都市世帯の大半は「昔のものでも良いものなら保持すべきだ」という回答であった。ベトナムには祖先や神祖を祭る習慣がある。それは家族が集まるよい機会であり、子どもに祖先を敬うことを教えることになると考えられている。そして、先祖の儀礼は迷信であり止めるべきだと回答したのは、都市世帯の2.4％にすぎなかった。何ごとも経済優先の都市生活の中でも先祖を敬う伝統的な心情は継承されている。社会調査（KX.03.20/06-10）の結果でも、家庭内儀礼は家族の平安を祝う習慣であり、後世にも伝えるべきだと50％以上の家庭が回答している。市場経済が支配する都市においても精神的な安定をもとめて祈りを捧げ、「招福、招財、招禄」を願う気持ちは変らない。

　都市居住民も農村部の血と精神を受け継いでいて、出身地の儀礼を大切にしている。社会内での意見の対立や競合を解決する共通の理解として、伝統的なモラルは大切であり、推奨されるべきだと大半が答えている。さらに、ほとんどの人は儀礼を行って家族が集まり会食などをすることは、家族のつながりを強化すると考えている。儀礼を行うことで家庭や家族関係の重要な側面を維持し、特に父方と母方の両家族の関係を強化すると考えている。2010年の調査で父方の儀礼への参加状況をたずねたところ、62.1％がすべてに参加、37.9％が時々参加すると答えている。父方で儀礼に参加しない家庭はこの調査では皆無であった。しかし、母方の儀礼への参加はすくない。母方の儀礼に参加するのは46.6％であり、たまにしか参加しないという回答が多かった。すべてに父方を優先するという儒教的習慣が現代の都市部でも

残っているのは興味深い。

　都市部には今でも伝統的な価値観が生活習慣のなかに残っているが、工業化の影響も受けている。伝統的儀礼への参加率は低下し、故郷へ帰省する頻度も減少している。減少している理由をたずねてみたところ「参加したい気持ちはあるが、現実の生活のなかで儀礼とは縁遠くなっている」という答えが多かった。

　族長（親戚代表）の概念をたずねたところ、50％は「血縁内で権威がある人」という答えで、35％は「長老」と答えた。富裕層などでは学歴が権威の要素として考慮される。

　ベトナムには「例え貧しくても学問だけは授ける」という向学の伝統があるが、現在の都市でもこの伝統はとても重要だと考えられている。社会調査（KX.03.20/06-10）で都市部の3,000家庭を対象に調査したところ、92,7％が「勉学は奨励すべきだ」と答えた。

　また、親類など同族のあり方をたずねると、「一族は互いに助けあうべきだ」という考え方に91,8％が同意している。

　ベトナム都市部の家庭は核家族化が進行したことにより、家庭内で伝承されてきた機能が弱まってきている。しかし、都市部の74,1％は「一族の決定に同意するのは争いをさける現実的選択である」と答えている。都市で生活している人々にも伝統的な同族意識は歴然として残っており、社会関係を調整する役割を積極的に果たしている。

　また、「一族の集会は楽しいパーティであるとともに同族の関係を強化する」と25％の世帯主は答えている。このように都市家庭の大半は同族の関係を好意的に考えている。そのため、これからも同族意識とその機能は変らないと思われる。

しかし、都市生活者は忙しくて自由になる時間が少ないため、交際の時間も少ない。交際が少なくなれば、親密度は減少して団結も弱くなる。しかも、都市の文化スタイルは多様で競合するライフスタイルもある。特に若い世代やグループによって世界観や理想とする生活観が異なってくる。また、急速な都市化によってさまざまな弊害がもたらされる。環境汚染、生態系の破壊、住宅事情、貧富の格差、犯罪や社会悪などの問題は、社会問題であるとともに家庭の平安を脅かす攻撃要因ともなる。そして、これらすべてのマイナス要因は都市型ライフスタイルの形成に影響する。都市環境などの外部にマイナス要因があれば、核家族であるためそれは容易に内部に影響してしまう。現在の都市住民の出身地は農村であることが多く、生活環境もさまざまであるが、市場経済の激しい競争の中で忙しく暮らしている。田舎の行事に合わせて仕事を休むことは簡単ではない。そのため、遠くの故郷で儀礼があっても、参加するのは全体の半分ほどの家庭である。しかし、調査によれば、同族内を重視し、外の人々を軽視する心理が依然としてあることも明確になった。

現代の都市部では一族を代表する人物像が以前とは違ってきている。社会調査の結果から見えてくる現代のリーダーに求められる条件は次のようなものである。

a,伝統的な族長　　b,長老　　c,高学歴　　d,資産家　　e,権力者などによって回答はさまざまであるが、全体の半分は伝統的な概念を継承している。上記条件の優先順位では①長老　②高学歴　③権力者となっている。族長の概念が変化しているのがわかるが、国際的な基準からみれば、今でも過分にベトナムの伝統的な考え方が残っている。都

市の発展により規模が拡大したが、機能と構造はあまり変化していない。ベトナム都市部の社会制度は依然として家族や一族が重要な役割を持っている。これは生活の文明化を構築する過程において有利な条件であり、効率のよい社会や人間性の開発を助ける機能がある。

6. 都市における信仰と宗教活動

ベトナムは多民族、多信仰の国であり、都市部でもそれを反映した宗教活動が行われている。世界三大宗教が広まる前からベトナムには多神教があり、八百万(やおよろず)の神々が信仰されてきた。現在のベトナムでは仏教を信仰する人が多いが、仏教は伝来した当初から土着の信仰と組み合わさったベトナム式の仏教となった。仏教以外に儒教や道教などの影響も強く受けている。その後、これらの宗教がベトナム各地に浸透しながら拡大していった。

ベトナムの封建体制は15世紀から国家宗教として儒教を提唱したため、宗教の中心は仏教寺院ではなく儒祖を祭る神社になった。一方、それぞれの家庭では土地を守る守護神を祀る習慣が広まり、それは多くの賛同者を得て現在でも続いている。

16世紀にカトリックの布教がはじまり、既存の他宗教を排除しようとする動きがあった。そのため地域によっては、土着の守護神信仰よりもカトリックの方が優勢な時期もあった。カトリック以外にもさまざまな宗教がベトナムに伝来した。

ベトナム人の信仰と宗教活動には3種の特徴がある。

まず多神教信仰である。家族の先祖を祀る仏壇のわきに土地の守護神を祀る神棚がある家もめずらしくない。

次に外来の宗教（仏教、カトリック、プロテスタント、イスラム教など）が国内に多数混在している。

　さらにベトナムで生まれた新興宗教（カオダイ教、ホアハオ教など）にも多くの信者がいる。

　これらの宗教は都市や農村などいずれの地域にも存在する。現在のところさまざまな民間信仰を集計した資料はないが、仏教など主要な宗教には2,100万人以上の信者がおり、推定では都市部人口の35～40パーセントを占めている。これにさまざまな新興宗教や土着の信仰を合わせると全人口の90％くらいが何らかの信仰を持っていると思われる。信仰と宗教は社会的意識と社会制度の形態に影響され、個人や地域社会の生活と密接な関係を持っている。

　宗教は生活の一部であり、このことは近代都市でも例外ではない。人々が宗教活動に参加するのはコミュニケーションの欲求や文化的、精神的なニーズを満たすためだけではない。人は自分の宗教的信念により定期的に開催される宗教活動に参加する。寺院や教会は宗教的信念を実践するだけでなく、生活の文化的ニーズを満たす場所ともなる。社会調査によれば、全体の76,8％は単一の宗教信者ではない。単一信者だと答えたのは仏教が18.3％、カトリックが4％で、プロテスタントが0.9％であった。この結果からわかるように、ベトナムにキリスト教徒は少ないが、信仰は熱心であり、宗教活動への参加率が高い。

　寺院や教会に行く頻度を質問したところ、時々が63％、数日に一度が19.9％という回答であった。当然のことであるが、信仰心がある人は無宗教の人に比べて寺院などへ行く頻度が高い。宗教儀礼は毎日あるわけではないが、このデータをみるかぎり、ほとんどの人が寺院や

教会へ行っていることがわかる。熱心な信者は全体の20％程度であるが、都市生活の中に宗教文化は深く浸透している。

　純然たる宗教活動ではないかもしれないが、旧暦の1日と15日を菜食日とし、家を清めて礼拝する習慣がベトナムにはあり、都市部でもその習慣は一般的である。社会調査の結果でもそのことは明らかで、78.8％は旧暦15日に、91.9％は旧暦の1日と15日を特別な日と定めて、家の守護神を礼拝している。旧暦のカレンダーで満月と新月の日を特別な日とする習慣は、今日の都市部でも一般的である。

　また、ベトナムには昔から信じられ、今日でも継承されている宗教的な習慣がいくつかある。商売の成功を願って吉日を選んで営業をはじめたり、何か新しいことをはじめたりするのに特定の日まで待つようなことはよくみられる習慣である。特定の宗教を信仰している人の場合、このような習慣は減少するが、まったく無いわけではない。

　都市部でも家族の安全と繁栄を願うことは一般的な習慣の一つである。すべての家庭では先祖の墓参りをし、秋の中秋節などの行事や家の守り神を定期的に祀る習慣がある。また、先祖の命日、盂蘭盆会（うらぼんえ）、端午の節句[11]などの行事は90％くらいの家庭で実施されている。これは、都市化された現在でも民族の伝統的な祭事が継承されている習慣である。また、都市部の社会にはクリスマスや花祭り（灌仏会（かんぶつえ））のように宗教の枠を超えて一般の人々も参加する宗教祭日もある。これらは社会生活の中に溶け込んでいて、宗教儀礼でありながら年中行事のようになっている。

---

[11] （翻訳者注釈）端午の節句は、日本の「子どもの日」ではなく、旧暦の奇数が重なる"重陽"を祝う習慣である。

ベトナムには高齢者を敬う習慣があり、祖父母などの長寿を家庭内で祝う習慣がある。これは宗教行事の一つであったが、現在では一般化して各家庭単位で行われるようになった。
　ベトナムではすべての外来信仰は土着の習慣と結びついた形式で行事が行われるが、その中でキリスト教を例にして説明する。
　キリスト教にも長寿を祝う祭日があり、毎年春に開催される。この儀式には通常家族全員が出席してお祝いする。式は朝からはじまり、参加者は正装して集まる。主人公のお年寄りは十字架が描かれた長いロープを着る。お年寄りは家族が待つ教会内に入場し、左右に分かれた長椅子の中央最前列に座る。司祭は長寿の意味や伝統的な価値について説教したあとで、お年寄りに祝福を授ける。参加者は賛美歌を歌い、祈りをささげる。
　教会での儀式の後で家族内のお祝いが催されるが、ここでも伝統的なやり方で式が進行する。家の祭壇に線香を焚いて先祖に祈る。その後、お年寄りは中央に座り、子や孫からの贈り物を受ける。この儀式は年長者を敬う気持ちにより厳粛に行われる。
　命日は愛する人の喪失を受け入れる記念日である。この儀式は家庭の条件により規模はさまざまであるが、厳粛な意味を持つ事に変わりはない。また、死者を敬い精神的なつながりを維持する儀式でもある。キリスト教では午前中に教会のミサからはじめられる。式は通常、教区の司祭が直接指揮して進行する。他の儀式と同じで、教会で行われた後は自宅で家族だけの儀式を行う。家でこの儀式を行う場合は、家族の都合で午後から開催されることもある。教会の式だけで十分であるが、あくまでも亡くなった人のための儀式であるため、ベト

ナムでは家でも儀式を行わなければならない。特に家で亡くなった場合は家庭内の儀式が中心となる。家庭内ではキリスト教の様式とベトナムの伝統的な様式が結合されて行われる。

　結婚式はキリスト教の様式の中に大きくベトナムの様式を入れて行われる。式の冒頭で司祭は3本の線香に火を点ける。一本は祭壇に供えて、あとの二本は新郎新婦に手渡す。新郎新婦はそれぞれの線香を祭壇に供えてから結婚式が挙行される。同じカトリックでも国によって結婚式の様式は若干異なるが、仏教と同じ線香を使うのはベトナム独自の様式である。

　臨終の祝福もベトナム独自の色彩が強い。臨終に際し教区の司祭が呼ばれる。司祭は聖油を使って臨終の信者に最後の懺悔式を行う。死者は三日後に埋葬されるが、49日の法要と100日の法要があり、墓の扉を開いて行われる。

　"テト"と呼ばれる旧暦の正月はベトナム人にとってもっとも重要なイベントであり、キリスト教徒にとってもそれは同じである。正月を迎える準備は年末の大掃除からはじまる。キリストや聖母を祀る祭壇はもちろんのこと、その脇に設えてある先祖の祭壇も念入りに清掃する。線香の灰や燃え残りなども清掃され、線香立ての砂を新しいものに換える家庭も多い。念入りな清掃のあと、果物などの供物をいつもより多めに供える。大晦日から新年にかけて家族全員で教会へ初詣に行き、新年を祝う。教会では司祭とともに国家の安寧や世界の平和を祈るが、家庭に帰れば家族の繁栄を先祖に祈る。また、正月の三が日は特に重要な聖日であり"明年（Minh Niên）"と呼ばれる儀式を行なう。

　ベトナムの宗教活動は多様化するとともに土着の文化と結びついて

様式を変化させてきた。また、宗教行事は信仰の対象であるとともに今日の精神文化を自然に形成する要素ともなった。例えばキリスト教は外来の宗教であるが、ベトナムの社会に適合するように形式を変化させて社会に浸透している。現代の都市文化はさまざまな要素により成立しているが、宗教も都市ライフスタイルを構成する大きな要素の一つである。

7. 都市の治安維持と生態系保護

　治安維持は都市の安全を保つ重要な要素である。安全でなければその都市の発展が継続しない。社会生活を維持するためには、衣食住と文化的要求にだけ応えるのではなく、社会の安全は必須であると、マルクスはその著作の中で何度もくり返して説いている。心理学者マズロー (A.H.Maslow) は、安全は人間の最も基本的なニーズの一つであることを実証し、場合によっては衣食住よりも必要性が高いとのべている。社会が発展し、物質的な生活水準が上昇すると、社会の安全性を求める声が高まってくる。ましてやベトナムの都市のように急激に都市化した社会では、早急な対応を迫られている。

　社会の治安や安全を軽視するようでは、近代的な都市ライフスタイルは構築できない。そのためには、安全保障や治安維持に必要な行政権力やそれを支える警察や軍事力、そして市民一人ひとりの能動的参加が必要である。ドイモイ政策実施以降、都市は急激に変化して社会生活は複雑さを増してきた。これは社会の秩序や安全を守る活動に大きく影響する。そのために、社会の変化によって新たに発生した問題に素早く対応する行政能力が求められる。また、地域の犯罪を未然に

防止するような市民の"草の根運動"も強化しなければならない。ベトナムでは国家レベルの目標として薬物犯罪の撲滅、社会悪の防止、交通事故の抑制を掲げているが、市民の協力は積極的ではない。

　都市の階層によっては薬物や売春などの社会悪を追放する運動に参加し、一部では成功している。社会調査（KX.03.20/06-10）で都市の治安について質問したところ、41％は「良い」と回答した。48.6％は「許容範囲」と答え、10.3％は「悪い」と答えた。

　社会調査で生態系環境について質問したところ、多くの点で専門家の調査と合致する結果が見られた。例えば天然資源・環境省傘下の環境保護局の調査によれば、ハノイ市とホーチミン市の中心部にある多くの生産設備の汚染物質排出量は許容レベルを8〜25倍超えている。また、国連開発計画（UNDP）の開発プログラムによる調査によると、ベトナム都市部の大気汚染は標準許容量を2〜5倍超可していて、都市部には汚染物質を排出する事業所が数万施設あると報告されている。現在でも多くの都市で工業団地の建設が進んでいるが、廃棄物や排水などの処理設備は整備されていない。そのため、産業廃棄物や有毒物質による土地と水源の汚染を野放しにしたまま、数多くの工場が操業している。全国には183ヶ所の工業団地があり、その65％は排水処理システムが環境基準に適合していない。都市部の固体廃棄物で、正規に収集されているのは全体の約60〜70％だけである。また、下水道インフラと廃水処理は、環境保護の要件を満たしてはいない。[12].

　ベトナムは急速な経済発展に伴って社会の安全や秩序、社会保障、都市部の環境などの問題に直面しているが、現在のところ都市の拡大

---

[12] http://www.agenda21.monre.gov.vn

に行政が追いついていない状態にある。しかし、これらの問題がありながらも都市の工業化は加速度的に進行している。

8. 現在の都市行政と都市生活

都市行政は市民や地域社会との対話が重要である。市民は個人やコミュニティ単位で行政に参加することで、意見が政治に反映される。行政の政治活動は都市や国家にも反映され、それが都市のライフスタイルを構成する重要な要素となる。都市はさまざまな人々が複雑な構成で暮らす場所であり、それに起因して都市型犯罪や社会悪、交通問題などの社会問題が発生する。その問題を速やかに解決するには市民の社会参加を拡大する必要がある。そして、都市の政治が良好ならば、それは市民のライフスタイルをより良いものにする要因となる。

ベトナムでは1975年の南部解放により社会主義の統一国家となり、1986年にドイモイ政策が正式に採択されて、新しい国に生まれ変わった。そのため、古い社会主義モデルによる都市ライフスタイルとは異なった発展環境を持つようになった。まず、農業や軽工業を推進してから重工業を優先開発し、重工業を発展させるために特定の都市をモデル地区に指定して育成した。このときにできた工業都市が工業を基盤とした都市型ライフスタイルのはじまりであった。経済開発政策以外に、この間の文化開発政策はマルクス・レーニン主義による社会主義のイデオロギーを基礎として、新しいライフスタイルや社会的条件を導く指針となった。戦後の経済混乱からの脱却を試みていた長い期間、政府は工業化を指導してきたが、経済は厳しくなる一方だった。その後、四半世紀前にはじまったドイモイ政策は国の工業化を促進する大きな転機となった。今日のベトナムは近代化と国際統合により、

社会・経済は大きく発展した。このことは文明化と進歩に向けて徐々に転換してきた都市型のライフスタイルに大きな影響を与えた。

　行政における最大の課題は、伝統的な生活様式をどうやって近代的なライフスタイルに変換していくかということである。発展しながら多様性を増している都市で、その問題を解決するのは容易ではない。特に都市開発では各階層の市民すべてが同意するような開発が求められる。そのため市民の政治参加が必要となる。市民参加が拡大すれば、都市開発にともなって発生する問題点を解決するための社会的勢力となる。それは都市のライフスタイルを更に進歩させる大きな要素である。

　行政が都市管理で民主主義を損なわないための基本的な条件として、市民の協力は欠かせない。市民参加は多くの異なるレベルに反映され、党の政策と国家の法定をそれぞれの家庭生活に導入する役割がある。行政システムにとって、すべての市民から協力を得ることがもっとも重要なことである。

　市民の政治参加を調査するために、社会調査KX.03.20/06-10は都市で開催された集会の数を調査した。結果は年平均で6回開催（74.8％）されており、法令で定められた「年に4回」を上回っていた。また、法定通りに年平均4回開催されたのは18％であった。回数は多いが、その実際の目的は国が定期的に開催する党大会や選挙に関連するものが多かった。開催された集会はほとんどが町内で選挙の事前説明をするような小地域の不定期集会であった。また、集会への参加率をたずねたところ、集会にはすべて参加するという回答は67.8％、半数以上に参加は25％、半数以下は3.5％で、まったく参加しないと答えたのは3.2％であった。この数字からわかるように、都市部市民の政治意識は比較的高

いが、中には意識の低い市民も少数ながら存在する。

　社会調査の結果によると、集会への参加率は居住形態によって差があることがわかった。以前から住んでいる市民の71.7%は参加するのに対し、一時的な居住者は34.5%であり、長期滞在者の参加率は21.1%だけであった。都市問題では何事にも経済が影響するものだが、経済状態と政治意識は無関係のようである。

　地方行政には市民の意見を反映させることが重要であり、政府の指導を住民がどう受け止めているかを地域別に調査してみた。

　この調査から、市民の行政担当者への満足度とともに政府への信頼度をみてとれる。身近な"町レベル"ではほとんどが好意的に評価しているものの、"市レベル"では評価が下がる傾向がある。

図25. 大都市圏における都市世帯の行政と政治指導者に対する満足度（%）

		北部		南部		中部		全国平均	
		指数	%	指数	%	指数	%	指数	%
町レベル	高い	227	60.1	243	48	251	55	721	53.8
	並	147	38.9	237	46.8	196	43	580	43.3
	低い	4	1.1	26	5.1	9	2	39	2.9
市レベル	高い	332	52	282	38.9	256	39.7	870	43.3
	並	292	45.7	391	53.9	365	56.6	1,048	52.2
	低い	15	2.3	52	7.2	24	3.7	91	4.5
地域役員	高い	206	45.2	188	31.4	162	29.7	556	34.8
	並	234	51.3	327	54.7	358	65.6	919	57.4
	低い	16	3.5	83	13.9	26	4.8	125	7.8
地域幹部	高い	364	52.3	217	25.5	280	35.8	861	37
	並	277	39.8	461	54.2	443	56.6	1,181	50.7
	低い	55	7.9	173	20.3	60	7.7	288	12.4

出典：社会調査（KX.03.20/06-10）

II. グループ別にみた都市居住者の問題点

1. 工業団地および経済特区に居住するグループ

　市民は現代の都市社会を構成するもっとも基本的な要素である。そして、都市のライフスタイルを語る場合、労働者階級を外すことはできない。都市労働者はいわば都市の顔といえるが、そのライフスタイルはさまざまな条件の制約によって成り立っている。都市労働者のライフスタイルを考察するためには、他の階級と同じように生活水準や価値志向を調査しなければならない。現在、都市労働者は職種、所得、教育水準など多くの点で差別化が進行している。

　近年の工業化によって都市の産業は急激に発展し、そのため生産に必要な労働力を都市部に集中させた。また、集まった多くの労働者の生活に必要な付属業務に従事する人たちも数多く都市に集中した。都市人口の過半数は労働者が占めるようになり、都市ライフスタイルを代表するのは労働者のライフスタイルとなった。また、集まった労働者層の70％以上は地方出身者であり、現在は地方の色彩が都市型ライフスタイルへ変化している過渡期にある。都市労働者のほとんどは農村の出身であり、他の都市から移住してきた人口は少ない。これらの特徴が今日の都市ライフスタイルを形作っている。

　以前に比べて都市の教育水準は向上し、職業に要求される技能は高度で専門的なものになってきた。多くの分野、特に技術系で専門家を必要としているが、企業の求める専門家は不足している。専門的な職業訓練を受けていない工場労働者の割合は、地域によって差はあるが、いずれも満足できるものではない。例えば、ホーチミン市の郊外

で大規模な工業団地が多数あるドンナイ省は37.9%、ホーチミン市は51.5%、中部高地は63.3%である。高校卒業以上の学歴がある人の割合はドンナイ省38.9%、ホーチミン市35.79%である。また、工場労働者の熟練度を示す等級で6または7の熟練工は減少傾向にある。[13]

ホーチミン市の18歳から25歳の若い工場労働者を対象にした調査によると、全事業所の工場労働者のうち中学校卒業は34.9%であった。高校卒業は56.7%であり、専門学校または大学卒業は5.3%であった。また、職業訓練を受けていない割合はバリア・ブンタウ省：68.5%、中部高地：63.3%、ホーチミン市：52.5%、ドンナイ省：37.9%、ディエンビエン市：16.27%、クアンニン省：14.5%、ハノイ市：8.8%であった。

全労働者に占める大卒の割合が多かったのはクアンニン省：37%、ホーチミン市：35.1%、ハノイ市：34.5%などであった。一方非常に少なかったのは中部高地の6.7%であった。[14]

住宅問題は都市に急増した工場労働者にとって切迫した問題である。輸出加工区や工業団地の工場労働者または建築現場の出稼ぎ労働者が借りている住居は最低限度の衛生条件すら満たしていない劣悪な環境である。ホーチミン市のビンチャイン（Bình Chánh）区とビンタン（Bình Tân）区の調査によると、この区内には5ヶ所の工業団地があり、事業所の合計面積は800ヘクタール、従業員は11万人に上る。しかし、会社

---

[13] http://vietbao.vn
[14] Theo khảo sát được công bố ngày 30-6-2009 của Trung tâm Nghiên cứu thị trường lao động của Đại học Leicester, Tổ chức Lao động Quốc tế ILO và Phòng Thương mại và Công nghiệp Việt Nam thì chưa đầy 15% công nhân Việt Nam được đào tạo.

の寮に入居しているのはわずか2,200人（2％）だけである。

　ビンズオン（Bình Dương）省には3,000の生産工場があり、約30万人の労働者が働いているが、社員寮を用意している事業所は80社（1,301室）だけで、そこに入居しているのは優先権がある幹部職員を含めた5,000人だけである。

　ドンナイ（Đồng Nai）省には15の工業団地と輸出加工区があり、約18万人の労働者が働いている。ベトナム全国では数百ヶ所の工業団地が現在稼動しているが、そこで働く労働者のほとんどは社外の下宿などで暮らしている。そのため、工業団地の周辺には粗末な下宿や急造の長屋[15]などが多数存在している。どれも衛生や安全性に問題がある居住環境である。団地外部の長屋などに住む労働者は通常、家賃意外に電気、水道、衛生手数料などを支払わなければならない。それ以外に子どもの教育費や託児所の費用などが必要である。労働者の大半が医療保険に加入しているが、保険料は自費で支払わなければならない。彼らが働く生産工場では市場経済の過当競争により給料水準が低く抑えられている。また、地方出身者のほとんどは給料の一部を故郷に仕送りしている。そのため工場労働者の生活水準は低い。また、扶養家族がいる世帯における家族のための出費のうち、医療保険や学費などに対して会社からの援助や公的な福祉援助はない。

　都市の労働者には労働条件の問題がある。労働者の多くは毎日のように残業をして、ストレスの多い仕事を9時間から14時間も続けている。特に納期が近づくと休む時間もないほど忙しい。多くの生産企業は労働者保護のための労働安全規定を定めているが、完全な履行を保

---

[15] （翻訳者注釈）長屋：トイレや炊事場が共同の平屋建て共同住宅。

障するものではない。

　工場で働く労働者の性別では女性の割合が多いので、女性の出産や育児などを労働条件に加味しなければならない。しかし、実際に定期健康診断などを実施している企業は少ない。また、1歳までの子どもがいる女性労働者を保護する規定は多くの企業で実施されているが、2歳から5歳までの育児については福祉規定がほとんどない。

　都市部の労働者は仕事に追われて文化的な活動をする余暇がほとんどない。生活に最低限度必要な衣食住以外に文化的な活動がまったくない労働者は全体の70％にもなる。ホーチミン市にある大規模な輸出加工区で調査したところ、余暇でスポーツをしている工員はほとんどなく、全体の80％はやったことがないという回答であった。たまにやることがあると答えたのは12％で、定期的にやると答えたのは7.8％だけであった。労働者の娯楽では、ほとんどの工員はテレビを観ることぐらいで、映画と演劇は2.3％、旅行は1.2％、インターネットは6.2％であった。そして、ほとんどの工場労働者の余暇の過ごし方は、自宅で休養（74％）という回答であった。

　このように工場労働者の生活は毎日が単調であり、文化的に豊かな生活とはいえない。また、会社側も労働者の福利厚生や精神衛生などにはほとんど気にかけていないのが現状である。

　労働者が地方から移住してくる問題に対して自治体や政府の対応が弱い。現在の行政システムでは、自治体はその土地の地権者にだけ対応していて、地権者が建てた賃貸住宅に住む労働者については関心が薄い。地方出身の労働者は住宅で多くの問題をかかえているが、自治体がそれに介入することは極めて少ない。労働者の人としての権利を

保護するためには、政府、党、労働組合、青年団がそれぞれの役割を十分に果たし、共同でこの社会問題に取り組まなければならない。

現在の都市労働者のライフスタイルを考えると、長時間労働、限られた収入、限られた文化活動などのキーワードが念頭に浮かぶ。これは不健康で逸脱した生活様式といわざるをえない。男性労働者の楽しみといえば不健全なDVD映画を観たり、酒を飲んだりするくらいである。女性労働者にはアメリカの恋愛映画が好まれているが、アメリカ映画によくある「同棲」や「性的解放」はベトナムのモラルで許容されるものではない。

都市労働者の社会政治意識はきわめて低い。共産党、マルクス・レーニン主義、ホーチミン主席、世界の政治情勢などへの関心はとても薄い。ドンナイ省政治広報部の調査でもそれは明らかになった。95％の工場労働者は雇用や収入以外にはほとんど興味がないと答えた。共産主義の方向性に興味を示したのは40％であり、3.5％は回答しなかった。

全共産党員に占める工場労働者の割合もきわめて少ない。2003年は7.69％であり、2004年は8.18％、2005年は6.87％であった。共産党組織で活発な活動をしているのは35.7％だけであった。労働組合の組織率は45.5％であり、退役軍人会は5.9％、青年団は24.6％であった。

ドンナイ省にある13の事業所で5,400人の工場労働者を対象に調査した記録がある。それによると共産党の定期大会議決の勉強会の開催を告示したのは38.2％だけであった。その内訳は国営企業51.9％、合弁企業40％、株式会社37.5％、個人企業32.8％、外国企業24.9％であった。これらの数字は文化水準の低い生活条件のなかで、単調に暮らしている工場労働者の姿を示すものであり、今日のベトナムを創り上

げた先駆者の理想像とはかけ離れているといわざるをえない。

　急激な工業化と都市化により、都市部では工業労働者が大量に増加したが、労働者個人の生活のあらゆる面で多くの問題や欠点に直面しているのが現状である。このような社会状況により多くの労働者は業種や収入で差別化されている。都市労働者の大多数は工業団地や輸出加工区の工場で働く工場労働者である。つまり、都市のライフスタイルの多くの部分を決定するのは工場労働者であるが、彼らの生活状況をみれば質の高いライフスタイルを構築できるような状況ではない。都市労働者は衣食住こそ足りているものの文化的には飢餓状態にあり、社会悪や低俗なモラルに染まる危険性が高い。これは早急に打開しなければならない課題であるが、現実的には容易に解決できる問題ではない。

2．公務員と政府関連団体職員

　幹部職員と関係者を含めた公務員の職員数は、中央、地方、地区で約30万人と推定される。関連団体の職員が約1,140万人、村や村落などの現地職員が約20万人いる。党中央や地域担当などすべての政府関連職員は約200万人いるが、そのすべては都市に住んでいる。

　党中央、政府、中央行政機関、地方自治体の4段階の政治機構は8月革命後に誕生した新政権によって形成され発展してきた。革命政府は当初、労働者、知識人、学者、農民、職人などから幅広く人選して政府を構成した。さまざまな経験を持つ人たちを集め、教育して登用した。その人員は世界とベトナムの英知を結集したすばらしい構成であった。

　幹部を含めた政府職員のほとんどは都市で暮らしているが、彼らの進歩的な思想は、文明的な都市生活様式を構築するプロセスにおいて重要な役割と基準を設定し、生活様式を形成するために必要な条件を

作り出した。社会主義市場経済の革新と発展により、都市に住む公務員や関係者の大半は模範的なライフスタイルを実践して、政府と地方機関の実現に積極的に貢献してきた。

　経済発展にともない物質的な生活レベルは向上し、公務員の生活も向上した。一般的な公務員は家族、友人、地域などとの物質的生活を再構成する余裕が仕事時間以外にある。ほとんどの公務員は社会に対する責任を果たし、質素な生活を送っている。

　仕事時間以外に彼らは地域活動に積極的な姿勢で参加し、文化的生活の構築に貢献している。多くの公的組織や公務員は地域の文化施設に資金を投じて地域のリクリエーションにも貢献している。サッカー、バレーボール、卓球、バドミントンなどのスポーツ施設がその例で、地域の健康増進と健全な余暇利用に役立っている。そのため、彼らの活動は多くの機関から模範的なライフスタイルであると賞賛されている。

　しかし、第11回中央執行委員会の非公式決議によれば、政府高官にも政治的イデオロギーの劣化した者が数名いると公表された。また、共産党員のごく一部であるが自己の利益追求や不謹慎な行為などに手を染めている者がいるとしている。[16]

　政治的イデオロギーの劣化は、ごく一部であっても人々のライフスタイルに大きく影響する。革命当時の精神は遠い昔のこととなり、戦う相手の様相も変化している現在、党員は義務の遂行を求められても、その目標を定められない状態にある。[17]

---

[16] Đảng Cộng sản Việt Nam: Văn kiện Hội nghị lần thứ tư Ban Chấp hành Trung ương khóa XI, Nxb. Chính trị quốc gia, Hà Nội, 2012, page22
[17] Ban Tổ chức Trung ương: Hướng dẫn số 11/HD-BTCTW, ngày 14-3-2012 về kiểm điểm, tự phê bình và phê bình theo Kế hoạch thực hiện Nghị quyết Trung ương 4 khóa XI "Một số vấn đề cấp bách về xây dựng Đảng hiện nay", Tldd, page.3

政治的イデオロギーの劣化は、以前に設定された党理念と現在の情勢が一部噛み合っていないことから生じたものかもしれない。イデオロギーの劣化や公務員の質の低下にはさまざまな理由が考えられる。

　まず、社会主義の理想や目標に振れが生じてきたこと、それからマルクス・レーニン主義への不信やホーチミン政治体制の誤った知識、ホーチミン思想の安易な解釈などが考えられる。これは、政治イデオロギーの初歩的レベルの話である。

　次に、革命の成果を否定するような思考もある。社会の不満やベトナムの後進性は革命によるものだとする考え方である。これは歴史の認識不足により、革命の成果ではなく欠点だけを挙げ連ねたものである。また、ベトナム共産党路線への不信や誤解もある。また、実際問題として党活動で厳格に原則を遵守していないということもある。

　政治的思想は人の内面に存在する。したがって、その劣化を外部から認識することは困難である。日常の生活に潜む道徳レベルを低下させる原因は個人主義、利己主義、自己優先思考などがある。自分と家族の利益や昇進、収入などを優先して他を省みないような日常の積み重ねにより道徳心は、ないがしろにされる。職権や権力の乱用、党や政府への無関心、嫉妬、うぬぼれ、組織行動の逸脱、個人の贅沢や快楽追及などが考えられる。市場経済の発展によって発生したと考えられる公務員の品質悪化もある。例えば、結果のみを求める官僚主義により形式主義や成果優先に走る公務員が存在する。また、公金を個人的な遊興に使うような不正使用や職務倫理に反する行為も無いとはいえない。結婚式や新築祝いなどのパーティに所属組織から費用を捻出することもある。イデオロギーの劣化と道徳心の低下は、人々のライ

フスタイルを誤った方向に向けてしまう結果になる。

　社会道徳の低下は生活習慣のレベルが低下する前兆である。イデオロギーの劣化は長期化すると取り返しのつかない事態にもつながりかねない。しかし、個人のライフスタイルが低下する原因のすべてが政治イデオロギーによるものではない。

　公務員の生活様式が逸脱することは汚職につながる。権力を委任された公務員のモラル低下が話題になることがあるが、これは一時的なスキャンダルではなく、政権の存続を脅かす最大のリスクになりかねない。

　公務員の汚職問題はさまざまな分野に広範囲な広がりをみせている。個人の問題だけではなく、組織レベルの事件さえ報告されている。土地管理、建設投資プロジェクト、予算の管理と使用、財務管理、公共資産、企業の株式化などで問題になっているが、教育、保健、警察、司法関係者など社会的に公正でなければならない分野の倫理も問題になっている。また、信じられないことに社会保障や社会福祉などの人道政策でも発生している。公務員のモラル低下は、行政機関の信頼を蝕み、ひいては党中央や国の威信すら傷つけかねない。

　現在の政治システムはこのような重大な問題を抱えているにもかかわらず、人事計画は脆弱なままで推移している。公務員の雇用や幹部登用の際には、厳格に検査を行うべきだが、現実には"縁故"や"コネ"が最大の選考条件となる。これは中央でも地方でも同じで、その傾向が歴然としてある。不正な採用は更なるモラル低下をまねく。また、合理化などの人事計画にも大きく影響する。

　現在は業務能力の高い人材の確保が課題になっているが、2003年から2007年の間に16,000人の国家公務員幹部が自己都合で離職してい

る。同じ期間、ホーチミン市の全民間企業で離職した役員は6,400人だけであった。公務員が離職する最大の原因は不適切な給与にある。能力があっても"コネ"がなければ昇進する機会は少ない。公務員の綱紀粛正はプロパガンダに頼るだけではなく、政治システムの組織構造を革新的に改革し、行政手腕がある人材が存分に手腕を発揮できるような環境を整備する必要がある。賃金制度を含めた適正な環境が整備されれば、モラルや道徳も向上する。同時に政治システムとして、権限のある当局が公務員や関係者の監視を強化しなければならない。

3. 都市有識者のライフスタイル形成

現在のところ有識者の定義は確立していない。共産党の考えによると有識者とは「知的労働者は独立した思考、創造性、濃縮された知識を広めることのできる専門性のある特定の分野で教育を受け、人格が確立していて、精神的、物質的に社会へ価値を貢献できる人」だという。[18]

ロシア科学アカデミー会員のリハチョフ（D.S. Likhachev）の概念によれば「社会的知性の独立している人」である。[19] また、中世ベトナムを代表する知識人グエン・チャイ（Nguyễn Trãi）は「知識を集積した人」であると述べている。[20]

一般的な概念では有識者とは「知識と独立した思想があり、創造的で、真実を探求する高潔な志がある人」ということができるだろう。知識層のライフスタイルは社会的なクラスが異なるため一般と同じで

---

[18] Đảng Cộng sản Việt Nam: Nghị quyết số 27-NQ/TW "Về xây dựng đội ngũ trí thức trong thời kỳ đẩy mạnh công nghiệp hóa, hiện đại hóa đất nước", Hà Nội, ngày 6-8-2008, page.1

[19] www.likhachev.ru (D.S. Likhachev, Viện sĩ Viện Hàn lâm khoa học Nga), ngày 15-8-2009.

[20] Từ dùng của Nguyễn Trãi chỉ những người có đức, có tài, làm trụ cột cho Nhà nước

なく、独特な性質を持っている。また、それだけではなくエリート階層として一般階層のライフスタイルにも影響する。

　知識層は自分の理想を表明し、自分たちの生活である創造的な活動、意識、発見を主題とする生活規範を有する。創造は模倣の対極にあり、同じことをくり返さない。創造的な仕事とライフスタイルは有識者の生活表現から広まる。特に、高度に発達した自発的な自己規律と自尊心が必要である。知的・科学的有識者にとって、彼らが常に必要とするのは知的労働である創作環境ための真の自由である。イデオロギーに拘束されない環境と権威に屈せず、名声によって疎外されない生活条件が必要である。[21]

　経済が発展している現在、知識層の役割はますます重要になってきている。自らが創作するだけでなく、有識者は政府担当者に助言を与え、それをもとに文化、科学、芸術を発展させることが求められる。

　2007年の調査によると、ベトナムにおける大学卒業者は約260万人、修士は18,000人、博士は16,000人、教授と助教授は6,000人以上いる。これは全労働人口の4.5％に相当する。また、公務員で大学卒業以上の学歴がある職員も多い。大企業の管理部門で働く労働者の71％、政府公務員の22％、一般企業の7％は大卒以上の学歴がある。また、海外で働く労働者は約40万人いるが、その10％は大学以上を卒業している。[22]

　2009年の国勢調査によれば、全成人うち4.2％は大学を卒業してい

---

[21] Chu Hảo: *Thử tìm hiểu tầng lớp trí thức Việt Nam*, http://nhavantphcm.com.vn
[22] Thông tấn xã Việt Nam, ngày 9-7-2008

て、0.2％は大学院課程を終了していた。[23]

　知識層には実務面以外にもさまざまなことが求められる。愛国心と社会主義への信頼、共産党と人民への忠誠、創造性、知性、勤勉などが求められる。また、教授職など知的エリートの指導的立場にある人物は、模範的な行動が求められる。浅い思考と本格的な研究の欠如、日和見的な実利と私益の追及、成果を優先し虚偽の黙認、他と協力しない排他的態度などが現代のベトナムで問題になっているが、断じて許容できるものではない。

　第7回党中央委員会で科学研究のことが議題となり「量、質ともに国を発展させる必要条件を満たしていない」と議決された。このことを裏づけるように、自然科学と技術分野の出版点数、国際特許登録数が少なすぎる。また、社会科学と人文科学分野における理論的な研究は、将来予測の可能性と方向性を欠いている。実用的な研究は少なく、現在の問題を解決する一助とはならないものばかりである。大きな研究成果はいまだになく、発表される論文の多くはコピーを集めた語呂合わせにすぎない。

　多くの大学や研究機関の学術レベルは先進国から大きく遅れていて、国が要求しているレベルに達していない。革新的な発明はもとより、研究の実用性や外国語でのコミュニケーション能力なども劣っている。情報化時代の現代、既成概念にとらわれることなく若い研究者に実力を発揮してほしいものだが、今の若い研究者は深く探求する能力と他の研究成果を結合する能力が劣っている。

---

[23] Tổng cục Thống kê: Tổng điều tra dân số và nhà ở năm 2009: Các kết quả chủ yếu, Sđd, 2010.

現在のベトナムにおける高等教育のレベルを人口で比べてみると、他のアジア諸国に決して劣っているわけではない。しかし、その内実は高度なものではない。チュー・ハオ（Chu Hảo）教授は「1996年以降の学生で自ら知的資質を育成するような高度な教育を受けている人は希だ」と述べている。[24]

これに対してさまざまな意見があるが、はっきりとわかっていることは「ベトナムの知的レベルはあらゆる分野で劣っていて、国の発展に貢献していない」ということである。日本、中国、韓国、シンガポール、タイ、マレーシアなどの有識者は急速に成長している自分たちの国を発展させる大きな役割を果たしてきた。それと比較してベトナムの知識層が劣っていることは明白な事実である。[25]

最近、アメリカの情報科学研究所（ISI）が公表したデータによれば、国際的に権威がある科学雑誌に掲載された論文のうち、ベトナム人の研究発表の数が大幅に増加している。2009年は2002年に比べて約3倍になる541誌に959の記事（362項目）が発表された。2011年は1389項目で2002年に比べて4.1倍に増加した。ベトナムの国際発表は年平均15％増加していて、増加率ではタイと同レベルにまで成長した。しかし、その発表を分析すると75％は外国の援助や協力によるものであった。[26]

世界中で知的財産（IP）の保護を促進する目的で設立された国連付

---

[24] Chu Hảo: Thử tìm hiểu tầng lớp trí thức Việt Nam, tlđd
[25] Đào Ngọc Đệ: "Mấy vấn đề bức thiết về đội ngũ trí thức trước yêu cầu mới của cách mạng", báo Đại đoàn kết, số ra ngày 29-8-2011
[26] Phạm Duy Hiển: "*Khoa học và đại học Việt Nam qua những công bố quốc tế gần đây*", tạp chí *Tia sáng*, số ra ngày 10-11-2008

属世界知的所有権機関（WIPO）が2012年に発表した世界のイノベーション指数は76で、ベトナムは国別で141位にランクされた。これは、世界平均を下回り、マレーシア、タイ、シンガポールなど近隣の国々よりもはるかに遅れていることを示している．

　ベトナムの科学研究環境は脆弱で世界の標準的レベルにも達していない。ベトナムでは科学者の賃金がほとんど年功序列で支払われているため、例え能力が高くとも若い研究者は薄給である。そのため、才能がありながらも生活のために転職してしまうことが多い。多くの教育や研究機関の設備は最新のものではない。また、創造的な研究や発表が自由にできる民主的な活動環境が整っていない。これらがベトナムの研究環境の課題といえる。

　知識階級の生活様式でもっとも重要な部分は科学的な知識の教育であるが、人としての心が通った内容でなければならない。研究環境や学習政策を整えるのは早急に対応が必要な課題の一つである。ホアン・トゥイ（Hoàng Tụy）教授がのべているように、博士レベルの研究員を増やす教育環境が必要であり、人口が増えても学者が増えないようではその国の将来が危うい。見せかけだけの科学教育は文化を衰退させるものであり、その社会にとってマイナスの効果しか残さない。[27]

　条件が整っていない研究環境でも創造的な科学研究を続ける人こそ真の科学者であり、生活費のために論文を書くようなことはしないものである。ベトナムにも清貧に甘んじて研究をつづけている科学者もいるが、科学を奨励するメカニズムと適切なポリシーが存在しないため、その数は非常に少ない。研究員を真の科学者に育成するための条

---

[27] GS. Hoàng Tụy: Trả lời phỏng vấn, http://vietbao, ngày 22-3-2006

件を整備する必要がある。党と国家は、科学者が安心して研究に没頭できるように適正な給与を検討し、創造性を高めることができる自由で民主的な研究環境と科学者の生活を保障できるような条件を確立すべきである。国の発展と知識層の育成は平行していなければならないが、その条件を整備するのは簡単ではない。

図26．アジア11ヶ国の科学論文の国際投稿数（2002年＆2007年）

	2002年	2007年	増加率(%/年)
中国	31,721	81,006	20
日本	59,253	62,044	1.3
韓国	14,948	24,917	11
台湾	10,610	17,689	11
シンガポール	3,863	5,903	10
香港	2,862	4,007	7
タイ	1,547	3,353	16
マレーシア	901	2,051	16
ベトナム	324	691	16
インドネシア	400	584	8
フィリピン	398	500	3.5

出典：ISIKNOWLEDGE 2008年10月30日更新 (http://db.vista.gov.vn)
cập nhật ngày 30-10-2008.

　第7回党大会で「工業化にともなう知識層の育成と近代化」が議題となり、主な問題点が論議された。それによると「創作活動の民主的な環境を確保するための法的枠組みの欠如」や「経験主義を偏重するあまり、現代的な科学を軽視してきた」ことなどが指摘された。この議題の目的は工業化時代に適応した知識層を育成することにあった。そして、その大会で次のような提言がなされた。
　・科学者など知識層の活動に優遇措置を与えた環境条件の造成を政

策として実施する。

・知識層の育成と教育を抜本的に見直す。
・知識層の生活と研究環境を維持できるよう党の指導を強化する。

この提言を早急に制度化し、知識層の社会的脆弱性を克服しなければならない。知識層が国のバックアップを得て、本来の能力を発揮すれば国の発展に貢献する部分は大きい。そうすることで、都市のライフスタイルをより文化的に方向付ける効果が期待できる。

4. 都市企業家のライフスタイル形成

事業を行う際に中心となるのが企業家である。それは株主を代表する者とか、直接の所有者や企業グループの代表者の場合もある。広い意味では企業の経営を生業とする人の全般を意味する。企業家の主な役割はビジネスを構築して製品やサービスを販売することである。また、それに必要な人員を雇用する人のことである。そして、収益を上げるだけでなく、社会への貢献も求められる。

ヨーロッパ社会の企業家は、社長の会社、市民の会社、文化企業の3つの段階で形成され発展したと、チャン・ゴック・テェム（Trần Ngọc Thêm）教授は説明する。"社長の会社"とは、従業員に賃金を支払うためにお金を稼ぎ、他に何ら義務もない初期段階の企業家の会社である。"市民の会社"とは、利益の追求だけでなく、社会問題の解決に貢献する第2段階の形態であり、"文化企業"とは、社会に利益をもたらす活動へ自主的に参加し、伝統文化の継承や文化社会構築に貢献す

る会社である。この文化企業は20世紀の終わりに誕生した。[28]

アジアの企業の発展段階はヨーロッパのように3段階ではなく、もっと入り組んだ構造になっている。ベトナムでは、他の開発途上国と形成が異なり、文化企業の概念は以前から存在していた。

ドイモイ政策で社会主義的市場経済開発政策を導入してから、多くの経済要素がベトナムの企業を牽引して発展してきた。その影響でベトナムの企業や経済団体は規模とレベルが変化した。ベトナムの企業家は現在、国内社会で地位を確立し、経済発展の面で特に重要な役割を担っている。国の工業化と近代化を推進する、いわば"主人公"の役割を担っている。物質的な富を作る主要な力であるとともに、社会のために雇用を創出し、経済構造改革のプロセスに積極的に貢献しながら市場を拡大し、経済交流を促進している。また、国家レベルの人的資源の育成と開発など、教育面の役割にも積極的に参加している。今日のベトナムの企業家は複数のクラスから形成された多様なコミュニティの一つであるが、企業活動の主な共通目的は利益の追求と理想社会の実現にある。企業家は民間企業だけでなく国営企業にもいるが、その管理部門は有識者、農民、労働者、公務員及び社員（実際にはその多くが政府関係者）からなる。ただし、企業家の所得はさまざまである。たとえ現在の所得や社会的地位が高くなくても、これから大きく成長する可能性がある。[29]

---

[28] Trần Ngọc Thêm: Văn hóa doanh nhân và văn hòa doanh nhân Việt Nam, http://www.vanhoahoc.vn, 2006
[29] Đỗ Mạnh Cương: "Bàn về khái niệm doanh nhân Việt Nam", tạp chí *Khoa học*, Đại học quốc gia Hà Nội, số 25, 2009, page.253-261

企業家が都市で事業を展開して企業文化スタイルを構築することは、ベトナムの都市型ライフスタイルを構築する過程に大きく影響する。現在ベトナムで活動している企業家のライフスタイルにはいくつかの特徴がある。

　彼らはベトナムの文化環境で生まれ育ってきたため、ベトナムのライフスタイルの特徴をいい意味でも悪い意味でも受け継いでいる。また、さまざまな社会階層の出身者がいて、職業の経歴だけでなく家庭環境や教育程度も同じではない。彼らのなかには高収入の者がいて、自分や家族に高級な商品やサービスを購入する。そして高価なものになれているので目が利くようになる。但し共通して言えることは、彼らは他の職業に比べてはるかに多忙である。

　現代ベトナムの一般社会の中で、特定の企業家のライフスタイルは、民族の文化や習慣の基準に適合しない"変種"が存在する。これは市場経済の負の影響であり、早すぎる富裕化やグローバル化過程の結果なのかもしれない。その一つとして過度に物質的価値を偏重するグループがいる。そのグループは自分や家族のことだけを考え他を省みない。他人には節約を奨励して投資を強要すること多い。ベトナムの企業家にはこの症状が多々みられる。また、このグループには法外な消費を好む人たちもいる。快楽主義の高級サービスなどに無駄遣いをくり返して遊興にふけることも多い。現在のベトナムには、どうしてそうなったのか分からない不思議な金持ちがいる。彼らはお金の価値を認識することなく大金を手に入れた。そのため、金の使い方を知らないかのようである。

　ベトナムの企業家は法律に起因する多くの困難や障害に遭遇するこ

とが多い。しかし、現在の法律を逆手に取ったり、かいくぐったりして大金を手にした金持ちもいる。こうしたことが野放しになるようでは、社会の発展に寄与しないどころか社会をゆがめる原因にもなる。それは、詐欺まがいの投機をするような利益団体と関連していて、金のために不正な商取引や特権を行使するようなグループである。市場経済が発展段階にある現在、多くの人が投資を始めようとしているが、このようなグループに関わりあったら残念な結果しか待っていない。皮肉な言い方をするならば、「成金と囚人は紙一重」である。[30]

　いくつかの面で目標や価値観がアンバランスなグループもある。企業家としての成功とは収益の金額で計ることが多いが、お金の量と個人の幸福は正比例しない。ある成功した企業家は「わたしはたくさんのものを得たが、同時にたくさんのものを失った」と話していた。[31]

　バランスの不均衡は、人生の価値形成過程で調和の欠如によって歪みが生じた結果であり、自分のライフスタイルと社会の一般的な発展に悪影響を及ぼす。都市のライフスタイルは文明の基準を構築する長い過程により出来上がる。ベトナムの企業家ライフスタイルには、克服しなければならないさまざまな課題が提起されている。

5．都市部の青年のライフスタイル

　一般的な常識として15歳から29歳くらいの人を若者と呼ぶが、ベトナムではその世代を"青年"と呼んで、他の世代と区分することが多い。青年は子どもから成熟する過渡期であり、陰陽の考えによれば安

---

[30] Lê Hồng Kỹ : Doanh nhân và trọc phú , http://dantri.com.vn, 13-10-2012
[31] Viet anh Thu: *Doanh nhân cần cân bằng các giá trị cuộc sống*, http://vnexpress.net, ngày 3-6-2009

定を欠く"動"の期間である。この期間の青年には、さまざまな長所や短所があるとともに影響を受けやすい特性がある。青年は伝統的価値観の中にいても新しいことに心を奪われやすい。そのため自己の確立が容易ではない。[32]

他の多くの大規模な社会集団と同じように、青年の集団は職業、教育、財産、出生、所得、生活水準などで非常に多様なクラスに分かれている。そのためライフスタイルの考察によって青年の価値観や嗜好などを特定することは難しい。

青年のライフスタイルで最初に指摘できることは、国家や民族と切り離して考えられないという点である。青年のライフスタイルの中に国家のアイデンティティ、特に民族の特徴を色濃く見つけ出すことが出来る。彼らのライフスタイルの主な部分は伝統的な民族文化の特性を反映している。青年は能動的に外部からの情報を吸収し、経験的知識や前の世代から引き継がれている文化やスキルなども積極的に吸収する。その上で、新しい価値観や行動パターンを形作る。どの時代でも、どの民族でもそのようにして青年が新しい時代を切り開いてきたのである。

ライフスタイルを文化の主観的な次元として考える場合、それは人の生命の文化活動を通して価値を実現するためのプロセスといえる。ライフスタイルには生活活動の大きな部分または全部があり、それを受け入れて共同体で実践する。若者のライフスタイルは生活環境と歴史の中で効果的な関係に配置されるライフスタイルであり、文化的な価値であると理解されている。日常生活の中で文化活動を受け入れる

---

[32] Phạm Hồng Tung: *Lối sống thanh niên Việt Nam trong bối cảnh toàn cầu hóa và hội nhập quốc tế* - Một số vấn đề lý thuyết và cách tiếp cận, Hội thảo Quốc tế Việt Nam học lần thứ ba, Hà Nội, tháng 12-2008

個々の行動パターンの統合がライフスタイルである。行動の中で伝統的な価値観や方法が古い世代から若い世代へと伝わり、青年の行動に表れる。特に都市部の青年は行動に表れるのが速い。

今日のベトナム都市部のほとんどの青年は、野心的で大きな目標を持っている。しかし、都市部の青年の現在の傾向をみてみると、現実的な生活目標ではなく非現実的な「自己夢想」の方向に向いていることが多い。彼らは前世代に比べて多様で大きな目標を夢見ているが、実現可能な生活目標を設定させるようにすれば、順次現実の可能性が見えてくることだろう。

都市部の青年の生きる目標に関していくつかの特徴が見つけられる。まず言えることは、彼らの多くはベトナムの伝統的な価値観に基づいて行動するという点である。特に家族や地域社会における人間関係では、伝統的な形式やマナーによって対人接触がなされる。

これはすべての都市で同じではないかもしれないが、ダナン市の高校生を対象にした調査結果によれば次のような回答であった。

・年寄りの意見に同意する：88.3％
・常に兄弟を大切にする：94.5％
・常に先生に対して尊敬の態度をとる：64.1％

この結果を見れば高校生が伝統的な価値観を持っていることがわかる。[33]

都会の青年の大半が今日でも伝統的な民族文化と一致する行動様式とライフスタイルの基準に従って行動していると、この調査から推測

---

[33] Lê Thị Mộng Hà: Biện pháp nhằm tăng cường công tác giáo dục đạo đức cho học sinh của Bí thư Đoàn Thanh niên Cộng sản Hồ Chí Minh ở các trường trung học phổ thông thành phố Đà Nẵng, Luận văn thạc sĩ Giáo dục học, 2008, tr.39.

できる。青年の生活や活動、家族や地域社会における対人関係では伝統的な文化的価値を維持しているといえる。

　さまざまな伝統のなかで"向学"というすばらしい伝統がベトナムにはある。都市部では教育の多様化が推進され、農村に比べて速いスピードで改善されたため、青年のほとんどは学習に参加している。そのため都市部青年の専門教育レベルは高い。学習に積極的に参加するのは、向学の伝統が今日でも生きている証明である。農村部の青年も、複数の条件を持つ都市部の青年と比較して条件面で有利ではないが、向学の志は高い。

　"勤勉"という伝統もある。現在のベトナムは市場経済拡大により急速に都市が発展しているが、その原動力になっているのは国民の勤勉性が青年にも引き継がれていることである。生産と労働で主要な働きをしているのは青年世代であり、彼らは意欲を持って能動的態度で仕事に取り組んでいる。

　"愛国"の伝統がベトナムにはあるが、都市部の青年にもその伝統は受け継がれている。愛国表現運動の主要な部分は都市の青年の行動力によって成り立っている。「ベトナム製品優先運動」（国産品奨励運動）は都市の青年が先頭に立って行動している。ホアンサ諸島、チュオンサ諸島をめぐる南シナ海問題でも青年を中心にさまざまな運動が展開されている。多くのフォーラムにおいて、都市部の青年は国の主権保護に向けた積極的な姿勢を表明している。また、都市部の青年はさまざまな分野で伝統的な民族文化を継承する行動が見られる。ただし、最近の傾向として、ベトナムが国際化してきたことにより、青年の示す愛国心の表現が少し変ってきている。

都市の青年は、市場経済が影響する都市生活の分野でプラスの創造性を発揮し、社会生活のあらゆる面で積極的に参加している。建設現場、工場、オフィスなど職場での運動、科学研究などの学術分野、社会活動として飢餓撲滅と貧困削減、文化活動への参加、教育と保健分野では青少年の指導や子どもの保育、社会悪の防止や交通安全活動、ボランティアなどの慈善活動など、これらの社会運動は正の影響として国の発展に貢献する。これらの多岐にわたる青年の積極的な活動は"良いモデル"として、文明化された都市型ライフスタイルの形成を促進する重要な働きがある。

高い経済発展と生活水準の向上とともに多くの人の所得水準が上がり、物質的な生活レベルと生活様式は大きく変化してきた。多様化や複雑化する変化に柔軟かつ大胆に対応するためには、青年の柔軟な頭脳と行動力が必要である。そのため、都市部では青年の行動力と創造性がますます求められている。

このようなよい影響だけでなく、都市部の青年のライフスタイルにはさまざまな問題点や克服すべき課題がある。一部の青年は生きる目標や意味が定まっていない者がいる。物質的な豊かさだけを望みドライな人間関係を求める一部の青年の中には、現実的でない理想を夢見るあまり希望を見失ってしまう者もいる。また、法律意識が希薄なため都市で麻薬などの社会悪に巻き込まれ、その結果、ほんの軽い気持ちで重大な犯罪に手を染めてしまう青年もいる。警察当局はこのことに注意を呼びかけているが、大都市ではこの傾向が特に強い。

婚前交渉について調査したヴ・マイン・ロイ（Vũ Mạnh Lợi）氏の研究によると、ハノイ市の青年（男性）が最初に性的関係を持つのは

売春婦の場合がかなりあると指摘されている。また、ホーチミン市の学生を対象とした調査では、全体の30%は性的表現があるホームページを閲覧したことがあると答えた。また、ポルノサイトは不謹慎だと回答したのは16.6%だけであった。[34]

　一部の青年の間では、ベトナムの文化習慣や伝統的風習の価値を低く認識し、外国のものを手放しに礼賛する風潮がある。都市部では外国かぶれのあきれたファッションの青年を見ることがある。海外の風俗を無差別に取り入れた行為、特に逸脱した性の開放は大きな社会問題である。「結婚前の同棲」などはベトナムのモラルに反する行為であるが、都市部では特別のことではなくなってしまっている。近年では都市部の青年、特に学生などのカップルで同棲している者も少なくない。当局の発表によると、ベトナムでは毎年約120万件の人工妊娠中絶があり、そのうちの20%が高校生である。青年の間では性交を通じてHIV/エイズやその他の感染症が驚くべき速さで増加している。

　都市部の青年の薬物使用の実態も非常に心配される。青年の行動や活動には無分別に外国のものを取り入れることがあるが、その結果として民族の伝統や文化的価値観に反してしまうことがあり、アイデンティティの喪失につながりかねない。

　都市部には多くの娯楽があり、青年は楽しいことを巧みに選択し敏感に反応する。それを中心にして生きているように見える青年もいる。これは消費時代の社会風潮が影響しているのかもしれない。しかし、学習や仕事など本来生活の中心である"なすべきこと"をないがしろにするようでは、本末転倒である。子どもならば遊ぶことが生活

---

[34] *Vietnamnet*, ngày 19-4-2007

の中心であっても問題ないが、青年はそうではない。

　これら青年の問題にはさまざまな原因があるが、もっとも根本的な原因は家族や学校の教育と青少年のための社会管理にある。現在でも社会管理はなされているが、不完全あるいは不適切である。近年、青年団活動は大幅に縮小された。ドイモイ政策の実施以降、青少年の指導と監督が手薄になっていることは誰の目にも明らかなことだろう。また、現在はグローバル化の影響で良いものにも悪いものにも青少年は接することができる。これら悪い情報に対して規制があってしかるべきではないだろうか。グローバル化によって情報産業は発達した。インターネット回線があれば、世界中どことでも情報のやり取りができる。その情報に含まれる"雑音"は迅速かつ徹底的に管理すべきである。大都市で生活する十代の青少年たちに何が起こっているのか、親世代は認識していなければならない。現代の青少年は教育レベルが高い。これは、都市発展の大きな力になるが、その反面、好ましくない知識を吸収することも可能である。国際的な経済統合のプロセスは必然的な結果として文化の多くの側面に複雑な影響をもたらすため、どの大都市でも青少年たちのライフスタイルにとって重要な意味を持つ。

　むかし子どもたちが走り回っていた野原は、工業団地やオフィスビルになった。遊び場だけでなく、子どもたちの身の回りにあるものが大きく変った。文化的な生活を構築する物質的な条件が整った現在、若い人たちにとって素晴らしいライフスタイルを構築することが可能になった。より良い次世代ライフスタイルを作り上げるためには、人間性の高い教育が実施可能な環境を整備しなければならない。青少年や子どもたちが能動的に学べる施設を用意し、彼らの創造性を引き出すような学習

環境の構築が課題である。教育は個人の資質を形成する。もっとも重要なのは自立的な学習で自らの経験を蓄積することである。若いときの経験はその人の体の一部となり、個人の勇気や自信を形作る。

6. 都市で生活する自営業者グループの問題

都市の自営業者には、宝くじの売り歩きのような単純な仕事から職人や修理屋のように技術訓練が必要な仕事まである。自営業のグループの生活やライフスタイルにはいくつかの基本的な特徴がある。

彼らは主に農村から都市へ出稼ぎに来ている場合が多く、出稼ぎの収入が家計の中心となっていることがほとんどである。そして、教育レベルは高くない。特に年齢が高い自営業者の教育レベルはとても低いことが多い。そのため、企業や政府が募集する正社員に採用されることは難しい。全体的には健康状態は悪くないが、彼らのなかには身体あるいは精神を病んでいる者も少なくない。平均年齢は高く、他の仕事ができないため自営を余儀なくされていることが多い。

経済面からみると、ほとんどの場合は資金不足で商売を大きく広げることがむずかしい。そのため、小規模な自営業を続けていることが多い。社会的地位は低く、都市が提供する福祉サービスも十分行き届いていない。そのため、このグループは他の階層に比べて社会的立場が弱い。

2006年に実施された非公式の調査によると、手押し三輪車で荷物を運ぶ仕事をしている人はホーチミン市に6万人いる。また、バイク・タクシーの個人営業をしている人は8万人いる。ハノイ市の統計はないが、専門家の推定によればハノイ市にもホーチミン市と同じくらいの

人がこうした荷物運びの仕事をしている。都市の自営業で注目すべきことはその仕事の種類の多さである。自営業は大都市で年々増加化し、多種多様なサービス業が営まれている。

　経済発展により農村部の人口も増えたが、耕作地は限られており、必然的に都会に出て仕事を探す人が増えた。近年、ハノイ市に出稼ぎにくる人は年に3万人いる。ホーチミン市では、その2倍近くの人が仕事を求めて地方からやってくる。[35]

　都市の自営業層の物質的な生活レベルは特別に低くはないが、中には生活に困窮している人もいる。彼らの都市での居住地域は貧困層が集まる不衛生な地域がほとんどである。運河沿いの湿地帯などに質素な小屋掛けをして暮らしていることがよくある。住まいのほとんどは、廃材や椰子の葉などで作られた小さなバラックであり、家族1人あたりの占有面積は小さい。なかには、一間しかない小さな家で3世代が同居していることもある。また、家には上下水道がないので、トイレのない家が多い。電気は隣家にお金を支払って借りることで賄い、飲用や調理用の水は業者から買って生活している。食事は米、野菜、豆など安価な食品で作る質素なものだが、腹いっぱい食べられるわけではない。しかも日によって収入が異なるため、食生活は非常に不安定である。このように農村部から都市へ出稼ぎにやってきた人たちの物質的生活レベルは非常に低い。

　また、彼らが都市に来る主な目的は故郷の家族に仕送りするためなので、自分の生活はすべての面で節約する。彼らは仕事仲間と共同で

---

[35] Đinh Quanh Hà: "Vai trò của di dân nông thôn – đô thị với sự phát triển kinh tế hộ gia đình ở nông thôn", tạp chí Dân số và Phát triển, số 3-108

部屋を借りて暮らしていることがよくある。借りている部屋は町外れの衛生状態がよくない地域など、賃料が安い部屋がほとんどである。また、部屋を借りずに橋の下や資材置き場などで寝起きしている人もいる。建築現場の労働者は、建築現場にあるありあわせの廃材で簡単な屋根だけを作り、そこで寝泊りすることがよくある。食事も自分たちで米を炊いて簡単な食事を作るか安価な食堂で済ますことが多い。都市に出稼ぎにきている人の生活レベルは全体的に低いが、特に都市へ来たばかりの時期は生活が安定せず、食べるだけで精一杯なことがほとんどである。しかも、彼らの収入は景気などの社会状況に左右されやすく非常に不安定である。

　社会との関係をみてみると、都市社会との繋がりはほとんどなく、親戚や同郷人との付き合いがあるくらいである。また、それ以外に付き合いがあっても強い関係ではない。彼らは限られた範囲内でしか社会と関係せず、職業組合や政治組織などに加入することは非常に少ない。毎日のほとんどの時間は働いており、日曜日に休むこともないので、彼らの娯楽といえばテレビを観たりラジオを聴いたりするくらいである。

　このグループがもっとも頭を悩ませるのは教育問題である。子どもを連れて出稼ぎに来ていても都市に住民登録しなければ義務教育を受けられない。そのため、子どもは故郷に置いて両親のみが都会に出稼ぎにくることが多い。また、都市に子どもを連れてきた場合、公立の学校ではなく援助団体などが運営する私塾のような学校に通わせることが多い。そのため教育レベルは高くない。また、さまざまな家庭の事情により学校を中退する割合が多いのもこのグループの特徴である。義務教育を終えた後に高等教育機関に入学する割合は非常に少な

い。親の仕事を次ぐために職業訓練所などに入る子どもはいるが、卒業後にすぐに働くケースがほとんどである。

　医療の問題も大きい。都市部に出稼ぎにきている自営労働者のほとんどは医療保険に加入していない。そのため、体の具合が悪くても病院へ行かずに市販の薬で治療しようとする。その結果、症状が悪化して病院に担ぎ込まれたときには手遅れになってしまうケースもある。保険がないと実費で支払う医療費は安くない。そのため、毎日節約して金を貯めても家族に病人が出れば貯金はすべてなくなってしまう。持ち金がないので保険に加入できない。こんな悪循環を彼らはくり返している。

　彼らの文化活動や娯楽は非常に少ない。生活は不安定で収入が少ない。また、仕事を休むと賃金保障はない。そのため、文化的な活動をする時間がない。1日のうちもっとも多いのは労働の時間であり、家にいる時間のほとんどは寝ている。その他の時間は家事や必要最低限の買い物などにあてられる。余暇時間があれば、仲間とコーヒーを飲みながらトランプをすることもあるが、彼らは映画や演劇などを観に行くことはほとんどない。唯一の娯楽といえばテレビを観ることくらいである。

　出稼ぎの自営業者たちは都市で生活しているが、彼らの行動には農村社会の特徴が色濃く残っている。彼らの多くは毎日同じような服装で、外見を気にしない。人が嫌がるような重労働にもよく耐えて勤勉に働く。家族や同族との共同体意識が非常に強く仲間内では社交的である。社会意識は低く都市の理解度も低い。また、新しいものを受け入れる能力も低い。社会認識レベルが低く、仕事や生活の条件が悪いため、社会悪に染まりやすい傾向もある。警察はこのグループが犯罪に陥りやすい

と公表している。実際に、都市で暮らす市民階層のうちで一番法律意識が薄いのはこのグループである。彼らがタバコのポイ捨てのような軽犯罪や交通違反を犯しているのを街でよく見掛ける。このような行状により、都市によっては地方出身者の出稼ぎを規制しようとする動きもあるが、社会の底辺で人がいやがるような仕事をしている彼らは、都市機能の大切な一部分を担っていることも事実である。

Ⅲ．工業化過程にあるベトナム都市ライフスタイルの特徴

工業化と近代化過程にあるベトナムの都市ライフスタイルにはいくつかの特徴がある。

1．農村部から都市への推移

近年の大規模かつ急速なスピードで進行している都市化過程により、ベトナムの社会は不安定な状態になっている。経済面でも、現在はさまざまな新しい変化が発生しており、それによって都市のライフスタイルも変化する過程にある。新しい文化が入ってくると既存の文化価値と入れ替わるのではなく、両者が混ざり合いながら変化する。推移過程のライフスタイルは大変複雑であるため、標準を定義することは困難である。また、階級、集団、職業などによって固有のスタイルがある。

最近では物質的要素ばかりが注目されて、精神生活を構成する要素にはほとんど関心が向けられないことが多い。そのため、さまざまな問題が発生する。具体的な例を挙げれば下記のような事象が発生している。

・ 都市部の変化は非常に速いが農村部の速度が遅いため、両者間で速度差が生じている。

- 近代化に向けた製品を生産すると製造業と流通の小売業では意識に差が生じる。
- 都市計画は盛んに行われるが、実行段階で停滞することが多い。
- 生活が便利になる一方、個人主義が進行している。
- 急速な経済発展によって環境破壊が進行している。

　都市と農村部の開発速度差の問題を取り上げると、古い文化を切り捨て、農村部の価値観を否定しながら都市が成長してきたように思うかもしれない。しかし、近代化した都市のなかにも農村部の生活様式は歴然として存在し、両者が混在した状態で都市文化は形成された。そのため、現在の都市部にも農村のさまざまな特徴が見出せる。ベトナム都市部のライフスタイルは農村部で行われていた農業や手工芸、そして小規模商業が工業化されて形成された。都市ライフスタイルへの変遷とは、のどかな農村生活のなかに騒々しい都市の生活が入り込んできた過程といえる。

　産業や経済が急激に変化し、都市化が進行する過程で居住民の心理に変化が生じる。例えるならば、田舎育ちで畑仕事や家畜の世話をしていた農夫が突如として都市住民になったようなものである。その農夫は都市では会社員として働くことを生活基盤にするようになる。農村の"静"と都市の"動"、この正反対の要素によって現在の都市ライフスタイルは構成されている。農村の価値観は近代都市に相容れない部分がある。そのため都市部の秩序を混乱させる原因となる。その価値観の違いは個人の経験則や思い込みなど、ほんの些細なものにすぎない。しかし、それは合理性の欠如をまねいてしまう。その結果として、生産部門と流通部門で温度差が生じるなどの問題が発生し、都市経済に影響する

ことがある。特に現在は、都市経済の構造が都市の多面性を反映して大きく変化する移行期にある。そのため、都市空間と文化の多くの部分が変化して、人々のライフスタイルも変化している。

　現在のベトナムの大都市にはコンドミニアムや高級住宅など高所得者のための排他的居住区が出現している。それらだけを見ると外国の影響が強いように見えるが、都市文化全体から見れば少数にすぎない。

　都市の経済的な側面から市民の生活を考えると、社会生活は非常に複雑であり、すべてを市場経済が支配しているように見える。生産の基本的構造として小規模な家内工業と大規模な工業生産がある。そこで働いている労働者一人ひとりは、純然たる工業労働者でもなく、農業労働者の概念にもあてはまらない。市民の消費を支える市場には、近代的な工場生産品とともに家内工業で生産された伝統工芸品も提供されている。

　近年、都市建築の近代化を目的として、さまざまな都市計画がなされてきたが、実施段階で行き詰まってしまうことが多い。建築は都市の顔であり、その内面を反映するものである。実情を反映していない都市計画の中にさまざまな種類の農村活動をそのまま持ち込んでしまうことにより、現実と計画で矛盾が生じてしまう。

　近代的な都市を建築するために住民を移転させることがよくあるが、長期的な展望がないまま実行されるため無理や無駄な部分が多い。これは、都市の近代化と文明化にとって大変大きなマイナス要因となる。都市の拡大のために農民に農地を放棄させようとするならば、移転費用の保証だけではなく、生活手段がなくなった農民の生活も考えなくてはならない。都市部で雇用するにしても、昨日まで農業しかやったことがな

い農民の労働内容や生活条件を考慮するべきである。そうやって市民一人ひとりの事情を勘案することが社会全体の発展につながる。

　都市化の進行によって、個人がコミュニティ内で孤立する場合がある。現在の都市のスタイルは、農村部のコミュニティを精神的背景として成立しているが、都市は農村ではない。そのため、さまざまな歪みが生じてしまうし、農村のかたちも変化させる。農村が都市化し都市が農村化する面もある。個人農家の生活は、都市部とは異なりそれぞれが自家営業なので、コミュニティの価値を忘れがちとなる。また、経験的知識は大変重要であるが、農村の経験をそのまま都市に持ち込んでしまっては都市の発展を妨害する大きな要因になってしまう。それぞれが独立して利益を上げるという方式は、農業社会には適しているが、都市社会では秩序を混乱させる原因になる。都市の管理は科学的根拠による予測に基づいて行われるため、各人が勝手に個人の利益だけを追求するようなことは推奨されない。

　現在の都市部には一種のパラドックスが存在する。外から眺めると近代的な都市に見えるが、その内側に住んでいる人々の間では農民精神が尊ばれる。これは工業都市の内側に農村が存在しているようなものである。ベトナムの社会には従来からある農村の生活様式が普遍的な概念として存在している。しかし、この考え方は都市社会では生産性の障害となることがある。特に都市の産業は分業化と専門化が進んでいる。そのため緩慢で統制のない農村の生産方式はあたかも思考が停止しているかのように受け取られる。実際に現在の会社や機関をみても田舎の同族経営のような印象を受けることがある。同族の馴れ合いで仕事をしていたのでは、高い生産性や効率的な業務は期待できな

い。これは現代的な都市を構築する上で十分に考慮しなければならない問題である。

2. 科学技術導入の影響

　工業化と近代化が進行している今日、閉ざされた国家や民族はグローバル化から取り残されて発展することができない。このことは、誰もが十分に認識している。工業化の過程では先進的な製造方法の理解とその実現化を社会経済の領域で広めなくてはならない。そのようにして従来からある農業や手工芸の考え方や行動を少しずつ克服していかなくてはならない。社会のグローバル化は時代の要請であり、それは生活レベルを向上させる強固な基盤である。経済統合、文化交流、経済モデル、科学技術などはすでに受け入れられている。これらは経済活動や具体的なライフスタイルを向上させる有利な条件を整備する上で政策化されている。例えばインターネットシステムが効果的に動作すると、急速に人の知的レベルは向上する。情報通信の進歩は時間と空間を短縮して相互協力や交流活動を活発にする。コンピューターを媒介として、統合されたライフスタイルを形成することで、閉鎖的で窮屈なライフスタイルから解放され、近代的なワークスタイルを確立できる。コンピューターを基盤とする市場メカニズムの成立は自由なライフスタイルや豊かな生活を作り出すとともに、大胆な考えや創造的な探求を生活のなかで容易に実現できるようにした。

　ベトナム戦争終結からドイモイ政策開始までの配給制度（bao cấp）時代は、個人と政府の関係はあいまいで、経済が停滞しても政府は無責任であった。その時代は都市の自主的な開発は妨げられ、すべ

てを国に依存する状態であった。ドイモイ政策実施以降は生活志向のライフスタイルを構築することが可能となり、人々の相互利益や文明化が実現した。市場経済制に移行してから、激しい競争の中で経済が成長するシステムになり、経済は発展した。人々は能動的に生産に参加するようになり、市場メカニズムは個人の知的で創造的な能力を刺激するようになった。そして、市場の要求により人材開発が促進され、生活産業に関する科学が徐々に形成されるようになった。

3．都市ライフスタイルを構成する正と負の要素

　現代社会の変動は激しく、ベトナムの都市生活は分化が急激に進行している。工業化によりさまざまな価値観の構成が複雑化し、近代化と国際統合は、伝統的な生活様式の形式と内容を混乱させる多くの要因となっている。生活水準が上昇すると人々は更なる楽しみを求めるようになる。社会・経済生活の変化は人々の社会意識や各集団の常識を変化させる。そして、新たな価値観を標準モデルとして人々は行動するようになる。それは個人やグループの生産と経営を積極的に促進する効果がある。都市型のライフスタイルは新しいライフスタイルに統合するように変更され、都市住民の共有と共感や個人の自由の尊重を方向付けることになる。それは、個人の利益だけでなく、市場メカニズムの更新につながり、消費型のライフスタイルを求める現代の新たな市場環境によってもたらされる。若い人や学生の職業価値志向も同じように変化する。これは現在の都市型ライフスタイルを方向付ける非常に重要な要因である。

　市場メカニズムやグローバル化の反動により、都会のライフスタイ

ルの形成と発展に悪影響を与えるような現象も発生した。その一例として、個性や人間の尊厳をないがしろにしてでも金銭だけに価値を求めるような風潮も生まれた。人の生活と社会の発展の尺度として、実用的な価値だけを求めることは実に憂慮すべき風潮である。金を得るためなら法律を無視して、横領や贈収賄をするような行動は不健全な社会を創る原因となる。簡単に大金を得るためにギャンブル、薬物、売春、ポルノなどの社会悪に手を染める者もいる。個人的な欲望を満たすために不健康な方法で金を得ることは、一般市民の品性や倫理を低下させる。ごく一部でもこのような考え方の市民がいれば、その他の善良な市民に非常に大きな犠牲を強いることになる。

　道徳の低下は都市ライフスタイルにもっとも大きな負の影響を与える。また、倫理基準が変ってしまうと社会の伝統や儀礼などにも影響し、伝統に対する価値観まで変ってしまう。親子、夫婦など家族のつながりは弱くなり、それにともなってさまざまな悪い現象が現れる。離婚の増加、青少年の妊娠、校内暴力などは最近の大きな社会問題である。市民が刺激的なライフスタイルを志向するようになると、カウンターカルチャーが発生する現象は国際統合に参加した国で必ず起こっているが、ベトナムでも懸念されていたとおりに発生した。

　科学技術、特に情報技術の発展によりインターネットは知的労働者を支援する環境を整えたが、その反面、社会を歪めるようなカウンターカルチャーの発生源にもなっている。暴力、革命闘争の否定、党批判などを扇動するサイトも数多く存在するが、これは国のアイデンティティに反するものである。

　ベトナムでは伝統的な価値観により文化と秩序が成立していた。農

村コミュニティの相互関係においては愛情や寛容さがお互いをさらに親密にさせる。しかし、現在ではそれを否定するようなカウンターカルチャーの発生によって、文化が後戻りするような事象も散見されている。しかも、外国から入ってくるさまざまなライフスタイル情報は、伝統的な生活様式よりも優先される傾向がある。

　ドイモイの過程で社会の文明化（civilization）がはじまり、各集団の継続的な文明化も開始された。それによって拡大した貧富の格差は、社会集団間で生活習慣の違う各自のライフスタイルを形成するようになる。そして、それは複雑な社会の分化をまねくことになる。ベトナムの都市部においてそのような事例を見ることがある。

　現在、ベトナム都市部のライフスタイルは、プラスとマイナス要因が複雑にからみ合っていることは明らかである。工業化、近代化と国際統合の進行は、都市のライフスタイルの発展に大きな影響を与え、緊急に対処しなければならない難解な課題を提起している。ベトナムでは新旧の文化が混ざり合って発展してきたことで、現在の都市文化が成立している。農民文化を背景にしている工業、伝統的な民族の生活様式と現代のライフスタイル、実利を求めるライフスタイルと民族の伝統的な概念など、相対する2種類の要素が合わさって存在していることが多い。

　ドイモイと国際統合により加速した都市ライフスタイルの変遷過程から多くのことを学ぶことができた。国や世界の都市の統治はすべての国が同じように進行するのではなく、その地域の特性や歴史的背景に影響されながら実現化する。ベトナムでは農村の伝統文化を都市ライフスタイルに取り入れてきた。農業国の伝統を近代的な都市に反映

して現在のライフスタイルを形成したために、希薄な法律意識などのマイナス面を引き継いでいる。ベトナムでは「王の法律は村の外側まで」といわれるように、法律よりも地域の慣例が重んじられてきた。この習慣が都市部に持ち込まれることは近代化の大きな障害になる。

　都市ライフスタイルは市民の近代的な意識に基づいて建設されなければならない。市民一人ひとりの近代意識は都市社会の建設と発展を促進する。また、そのためには強力で効果的な指導を実施することが重要である。

第四章 工業化と近代化過程における都市型ライフスタイルの構築

Ⅰ．都市生活構築の基本的観点

　ベトナム共産党第11回大会で工業化と近代化を強く推進する目標が提示された。それは「2020年までに近代化に向けた基盤をつくることを目標に国の工業化を目指す」というものである。これは、長期計画として「社会主義路線を堅持しながら、21世紀の中ごろまでに先進工業国となる」という目標を実現させるためのものである。[1]

　ベトナムの都市人口は前世紀よりもはるかに増加しているが、この目標を実現するためには、持続的に都市化過程を促進し、都市が自力で発展を維持する仕組みを完成させなければならない。

　現在、ベトナムの都市部の人口は、全体の約30％を占めている。建設省の予測によると2020年にはベトナムの都市人口は4,600万人に達する。都市化の速度は低下することなく継続すると予測されている。最近では都市周辺部の都市化が加速しており、多くの農民が都市市民となっている。旧来からある農村部の生活様式に都市化過程のプラス要因が加わり、市民の生活に影響している。工業化と近代化が推進されている過程で、都市のライフスタイルを構築するためには、都市生活の現実をしっかりと見つめて基本的な方向性を示す必要がある。

---

[1] Đảng Cộng Sản Việt Nam: Văn kiện Đại hội đại biểu toàn quốc lần thứ XI, Nxb, Chính trị quốc gia, Hà Nội, 2011, tr.31, 71

1. 文明化に向けた都市のライフスタイル開発の進捗と持続可能な都市発展の要件

　都市化は現代の必然的な傾向であり、社会を発展させる重要なプロセスである。都市化は工業化と近代化の結果として都市居住者の割合を増加させる。しかし、それだけではなく、経済の継続的な発展により、都市社会に住む人々の生活の質を物心両面で向上させる文明化のプロセスでもある。実際の都市化は農耕社会→農村→近代都市→現代都市へと発展する過程をさす。

　持続可能な都市化プロセスの究極の目標は、人間の総合的な開発条件を作り出すことである。誰もがその人的開発の対象となるが、その人材は常に経済生活の領域を開発する要件を満たす社会的能力が高くなくてはならない。

　人間の能力と価値はその人の生活分野で如実に現れる。そして、その集積は社会の文化となる。人の役に立つものとは、人が人と係わり合う社会の範囲で創造されたものであり、だれもが認めたものだけを"価値"と呼ぶ。才能や意志、人類の進歩と人間社会に向けた人間の精神、自然界のすべての創造的な価値の本質、それらはすべて人間が創り出す。自然、経済、社会、政治、心理、道徳、美意識など複雑で多様な要因は、社会生活の中で統一された全体として表示される。個人の行動を決める基本的要素は文化あるいは価値体系であり、それは社会の中で個人が創り出し、更新をくり返えす。

　ライフスタイルと文化の価値体系は個人の価値観を背景にしているが、それは個人の行動を通して外部に現れる。それとともに、価値体系に基づいた行動によって、個人と社会生活の統合や地域社会とのリ

ンクが成立する。この原理により創造をくり返すことは社会の発展や自己の能力開発につながる。これはきわめて建設的な原理であり、文明化に向けた人々の都市ライフスタイルを発展させる。今日のベトナムでもこれは同じであり、社会の発展は人的資質の向上による。これは、工業化と近代化およびグローバル化の時代に、持続可能な発展のために欠くことができない主要な条件である。

　社会開発の対象となるのは常に個人と所属コミュニティである。都会的なライフスタイル、文明の進歩、持続可能な都市開発を目指すなら、積極的な人間開発をしなければならない。行政措置や法律によって、人々の具体的な活動を一定の限度で管理調整できるようにするべきである。しかし、個人やコミュニティの志向と管理組織の方針が異なると、人々は自主的に行動し、コントロールできなくなる。また、適切な管理よりも自主的規制の方が持続しやすい。ライフスタイルの発展と社会を構成する人々の関係は新しい問題ではない。「社会主義社会は社会主義思想を持つ人々によって建設されるべき」とホーチミン主席はくり返し述べている。この言葉は他人を思いやる気持ちを意味している。政治的イデオロギー、教育、健康、知性、感情、道徳などあらゆる面の総合的な開発であり、その中心になるのが文化である。文化は人が建設したものであり、文化の発展は社会発展の過程で基本的な能力を構築し開発する。このことをベトナム共産党は深く認識し、近代的なライフスタイルの構築に向けて以下の基本方針を掲げている。

　・常に国家のアイデンティティを保ちながら文化を向上させる。
　・社会・経済の発展と文化の発展は密接に関係している。
　・社会生活のあらゆる分野に文化が浸透していなければならない。

・ベトナム人としての価値と尊厳を堅持する。
・ベトナムは社会主義の下で国の工業化と近代化を実現させる。

　これらは、ベトナムが民主的で公正かつ文明的な国となるための条件である。文化の構築と発展は人間によってなされる。文化といってもその内容は多岐に渡る膨大なものであるが、すべては人と生活に関係している。文化とは人間の物質および精神的な価値の結晶である。文化の探求により人間は世界を知り、歴史を創ってきた。人間性の価値として文化は形成され、実生活を規制する内部調整の指針となる。文化について、これまでにさまざまな研究があり、異なった定義が存在するが、共通した認識もある。文化の本質は常に個人的な活動や行動様式の中にあり、その内面世界は行動によって表に現れる。文化とは人間が創った価値システムであり、人間の生活の発展途上に発見した欠点を改善することにより形成されてきた。価値システムの物質的あるいは表現の主な部分は人間の生活である。その意味で生活は人の内部にあるライフスタイルの実現であり、個人の生活における文化活動は社会の発展に貢献する。どの時代でも生活習慣の建設と発展は常に重要な役割を果たしてきた。国の開発プロセスにおいて高品質の人材育成は重要であり、特にベトナムのような開発途上国の都市化過程で、文明化された都市ライフスタイルを構築する場合には欠かすことができない。

　工業化とグローバル化に向けた都市の現代化とは、社会と経済を近代化するプロセスである。ベトナムの場合、農業経済と農村文化を基調とした農業国から工業国を目指しているため、さまざまな取り組みが必要である。都市化に向けて生活のあらゆる面で総合的な対策を必要とする。経済構造を農業から工業へ移行することは、国の経済基盤

を根底から換えることであり、けして単純なことではない。労働活動の内容が大きく変化することは、生活そのものが大きく変化することになる。これは職業訓練などでは補いきれない大事業である。[2]

今日のベトナムの都市では、世襲の経験的知識だけに満足することなく、高いレベルの専門知識習得を目指している。しかし、向学の伝統が教育現場に生かされていない。何をどこでどのように学ぶかという問題が整理されていないためである。知識の集積とは修正と発展を無限にくり返すことである。労働者も効率的な方法で学習する方法と知識の選択をしなければならない。専門的な職業訓練や業務実習だけでは問題解決にはならない。もっと重要なのは自己学習と自己改善のための生涯学習システムを構築することである。それによって外国語、コンピュータ科学、情報処理などを効果的に習得できるようになる。

現代の工業生産活動では高い創造性が要求される。また、新技術を開発するだけでなく、新技術に適応した新たな価値を創造する能力が求められる。自信を持って積極的かつ能動的に考えて実行する。そして、その結果の自己責任を受け入れる。新しい時代のレベルにあわせるため、近代化する地域社会の連帯とベトナムの伝統的な文化的価値観により、規律ある組織による共同作業を実現しなければならない。現代人には独立した思考が必要である。領域の現実的な傾向を予測し、地域社会と調和のとれた関係で「自己」を主張する。品質の確保や新製品の開発を上部まかせにするのではなく、能動的に「第二の天

---

[2] ベトナム・インテル社が社員募集をしたところ大学で専門教育を受けた多くの技師や人材が応募した。ところがインテル社が必要としている基準に達した応募者は少なく、同社は社員教育に大金を投じている。

性」を発揮してほしい。

　近代的な市場に対応する産業経済分野ではライフスタイルの価値に関連する調整を必要とする。都市化の過程では人間性を尊重しなければならない。経済、財政、開発のプロセスだけを追いかけている場合には、都市住民の生活の質を持続的に向上させることは不可能になる。経済最優先であってもある程度までは成長するが、ライフスタイルの価値が下降すれば家庭生活や地域社会の組織の精神的および心理的な部分が不安定になってしまう。不確実性は経済発展の成果を破壊し、発展を後戻りさせてしまう。

　経済開発は生活様式の文明化を促進する役割があり、工業化に向けた経済発展を大きく促がす。都市部が牽引して社会や国の経済発展を推進することで、農業国から工業へと移行しなければならない。このことだけが貧困問題を解決し、物質的にも精神的にも生活の質を向上させるための条件を形作る。しかも、社会の最終目標であるすばらしい文化がすぐれた法治によって生み出される。持続可能な都市化の本質は経済的な高い目標であるとともに社会が進歩するための課題である。これは個人の目標であるとともに国の指針でもある。

　しかし、経済発展の質を向上させる都市化過程で発生する負の問題をどのように防止し、根本的に解決するかという課題がある。この問題に対処するために社会生活のあらゆる分野において民族の生活様式や人道主義を反映させて、人間本位の都市文化的価値を構築し発展させることが必要である。ベトナムの伝統的な価値観を否定するのではなく、その価値観を正しく認識し、新時代に適合させることである。夢の実現に向けて総合的な人間開発を実施することで、個人と国そし

て人類の発展に寄与することにつながる。

　自分の人生の目標を実現するために、各個人は条件に応じた日常生活の中で最も小さな行動から始め、具体的な計画を実施すべきである。例えば学生ならば勉学に励み、学校では模範的な生徒として、家庭では良き子どもとしての義務を果たすことである。公務員ならば、組織の規律を重視し、常に公正で誠実でなければならない。労働者ならば、生産と業務に強い主導性を発揮し、規律を守り、チームワークを重視して仕事に励むことである。

　都市のライフスタイルは工業化と近代化のプロセスによって発展するが、持続可能な方法で自国の都市化プロセスを促進し、相対的な独立性を保ちながら都市のライフスタイルを開発することを目標にしたい。

2. 伝統文化や民族のアイデンティティを反映した都市ライフスタイルの構築

　今日のライフスタイルについて多くの観点から議論されているが、ベトナム民族の伝統的な生活様式とは異なるものが多い。ベトナムの伝統的な生活様式は小規模生産の農村の農業社会を背景としている。これは、近代化と国際統合の時代に反する部分があり、持続可能な発展の面で都市化プロセスを制限し、障害となることもある。歴史的に見ても、農業社会は新しいものを創造するのには不向きである。コミュニティの新しいライフスタイルは無から生まれることはない。人の生活様式が発展するのは生活の歴史が堆積してできる。毎日の生活の中で発生する問題を一つずつ解決することで文化は向上していく。多くの問題を解決した結果がコミュニティに堆積して文化は進化する。

ベトナム都市部のライフスタイル建設と発展のためには、ことさらにベトナムの文化的伝統を強調する必要はないが、伝統文化と新たな文化を統合させることで、さらに発展した都市のライフスタイルの構築が期待できる。

　ベトナムの都市ライフスタイルを概略するならば、それは民族性と現代性によって構成されている。この二つの要素は互いに協調していなければならない。生活のすべての分野とあらゆる行為において具体化することで、この価値観はベトナム人の強さと勇気を作り出す。民族のアイデンティティを保つとともにベトナム民族の国際化を実現する。文明化されたライフスタイルを構築する過程は今日の都市部で進行しているが、民族的アイデンティティを維持することが重要である。民族のアイデンティティについて、ある学者は国際化のパスポートのようなものだといっている。ベトナム共産党は、「国家のアイデンティティには継続的な価値があり、国家建設と防衛、数千年にわたる闘争の歴史によって培ってきたもの」と解釈している。それは愛国心と強い民族意識からなり、家族、地域、社会の結束によって成り立っている。またそれは愛、思いやり、寛容、勤勉、創造などの美徳として表れる。これらすべての価値観により社会の発展、進歩、正義が実現して、民族の精神的基盤となる。[3]

　現代のほとんどの国はグローバル化の中で独立と主権および領土の保護に積極的に取り組み、国際的な統合で持続可能な発展を実現して

---

[3] *Đảng Cộng sản Việt Nam: Nghị quyết của Bộ Chính trị về một số định hướng lớn trong công tác tư tưởng hiện nay*, NXB, Chính trị quốc gia, Hà Nội, page. 19, 56

いる。そして政治的な意味での国家だけではなく、経済、文化、科学、技術を強化することが重要な意味をもつ。また、主権を保持するためには軍事力の統合と強化を停止することはできない。

　ベトナムにおける愛国心と国家を誇る精神は現在大変大きく、愛する祖国の発展を望む気運は大きい。そして、そのことを奨励することは、民主的で文明的な国を建設する大きな動機にもなっている。

　都市は各地域の経済、政治、文化、科学の中心である。したがって愛国心を最高に実現できる場所でなければならない。例えば、現代のベトナムが経済面で独立と主権を主張し、主要経済国や国際金融機関への過度の依存を避けるために、我々は強力な経済基盤を開発することが要求される。このため、都市部での生産と事業の開発が必要であるが、その原動力として政府、事業所、労働者一人ひとりの愛国精神が問われる。今日の投資の分野で、人的資源と国内市場の状況は都市部の企業の発展に有利であり、民族の誇りを経済メカニズムに生かすことが可能である。ここで問題となるのは国のすべての地域で都市化プロセスの実効値を保持し促進する具体的な方法である。

　都市のライフスタイルのなかに民族の心を残すためには、近代化の必要条件を付随させる必要がある。ベトナムの伝統的な精神的な価値観は農村の経済状況下で生まれた。そのため近代経済に一致しない部分がある。例えばコミュニティの連帯は一般的に最優先されるため、個人の活動は制限あるいは無視されることがある。そして、それによって工業化が疎外されることがある。向学の伝統は、職業の専門教育を促がす効果があるので近代化に貢献する。しかし、一方で学習することは昇進のための条件という実利のみを求める考え方がある。試験

結果や認定だけを求める傾向は現代ベトナムの教育問題の一つである。会社側は多くの資金を投入して職業訓練を実施しているが、生産性に対する効果は少ない。伝統的な向学の精神があっても、社会のニーズとは必ずしも合致していないのが現状である。

伝統的な価値観がすべてではないが、数千年続いた農業社会の伝統は現在の社会に大きく影響していて、都市社会の文化的背景となっている。科学的知識より経験則が優先する農業社会の風習は、都市の近代化にマイナスの影響がある。例えば伝統的な村の族長制度では、国の法律よりも地域の慣習や前例が優先される。その結果として形式主義や官僚主義に陥りやすい。法律を軽視する習慣は都市における大きな問題の一つである。

都市生活者の放任主義、法律軽視、経験主義などの悪い習慣は工業化と近代化を妨げる大きな要因である。近代化に逆行する慣習は人々の潜在意識の奥深くにある。日常生活の中で、それを一つずつ取り除いてゆくのは簡単ではない。また、悪い習慣は貧困、社会悪、環境汚染、交通問題などの原因となり、都市開発の質を低下させる要因にもなっている。悪い習慣が都市の生活品質を低下させることは誰もが知っている。しかし、改善に自ら取り組む人はごく少数しかいない。そのためこの都市問題の解決は難しい。

今日のベトナム都市のライフスタイルには、民族の伝統的なアイデンティティが存在するが、近代化に適応するように修正しなければならない。修正は生活のあらゆる場面とすべての価値観を対象とする。具体的な生産活動に創造性を持たせるとともに規律を重視して生産の効率を向上させる。研究では、行動学習、実践的な生産、生活と科

学、関連する学習、基礎科学研究、理論と応用開発技術に対し伝統的な勤勉性を生かして、探究を推進し新たな知識を創造する。都市生活の組織では、コミュニティの連帯、民主主義、近代的な法的意識、個人の価値観の推進や個人の開発を有効にして自分自身を豊かにする。それは社会全体の発展に寄与する正の創造性である。

現代の都市型ライフスタイルに伝統的な民族性を加えることは、今日では一般的なことである。今日の都市文化とは人間優先の都市ライフスタイルを建設することであり、市民を包括的に人間開発する必要がある。現代は経済、軍事、科学、工学などがこれまで以上に重要視されて、民族の根本的心情は軽視される傾向がある。それにともなって人為的な危険性が増加している。20世紀の最後の10年、世界中の多くの国で人為的な原因により不平等や社会不安、自然環境の悪化など進歩に逆行する事象が発生した。それにより多くの人々は将来への不安や悲観的な見通しにより現在の生活に信頼を喪失した。これは発展に逆行する危険な現象である。このことは発展途上国であるベトナムにとって貴重な教訓である。道徳的価値観や民族の文化を省みずに経済発展だけを追い求めることの危険性がそこにはある。

今日のベトナムは都市型ライフスタイルを構築している過程にあるが、人文科学に起因する目標は常に尊重されなければならない。伝統的な民族の連帯コミュニティとしての人間の価値の継承、発展、振興のほかに寛容、思いやり、家族や祖国への愛、向学の精神などを尊重して、人間性のある都市開発を目指さなければならない。

そのためには、基本的人権を肯定する一般的な原則に基づいて個人の自由を尊重することが必要である。「ひとりは万人のために、万人

はひとりのために」という言葉がある。これは、個人の発展が社会発展の条件であり、社会が発展すれば個人もその恩恵に浴すという意味である。利己主義に走ることなく個人の自由を実現することは、社会発展の過程で内部リソースを最大化するために最も重要なソリューションの一つである。

　生態環境の保護も忘れてはならない。人間は大自然を構成する一片の要素にすぎない。そのため、持続可能な都市化を保障し、人々の生活の質を確保するためには生態環境を保護しなければならない。これは人文的な価値として都市化のプロセスにつながる。また、自然と調和して生きることは農業国の文化的特徴でもある。将来展望が欠如した計画による大規模な都市開発では限りある土地と増加した人口のバランスが崩れることで、自然との調和が損なわれてしまうことが多々ある。都市化とは道路、住宅、工場などの人工建設物を構築するだけではない。交通量が増えれば道路用地の増設が必要になるが、緑地や公園などは相対的に縮小される。住宅地が混雑すると生活の質が低下し、身体的、精神的な健康状態が悪化する。このことを解決するためには建築計画や行政管理だけでは十分ではない。市民一人ひとりが意識して自主的にこの問題に取り組まなければならない。エネルギーを浪費したり、ゴミを道路に捨てたりするようなことはすべての市民が改めるべきである。

　民族の伝統を継承しながら近代的な都市を建築するためには、人文科学要素が必要である。それは、愛国心など国の伝統的な精神的価値、優しさ、寛容の精神、コミュニティの連帯、勤勉な労働、向学の精神などの伝統を都市建設に生かすことである。公平性、民主的で科

学的で規律ある生活、人権を尊重して守る、このような価値観を現代生活へ常に取り入れなければならない。

　個人の発達を奨励し、すべての人の能力を高め、創造的で能動的なライフスタイルを形成する。自分自身を豊かにするものを個人の責任で受け入れる。個人的な興味、地域社会の利益と社会の利益を調和させて、豊かな社会の実現に貢献する。個人や地域社会は、ライフスタイルの価値を認識することで、自在な発展が可能になり、人それぞれの多様性を広く豊かに確保することができる。それは健康、安全、衛生環境の向上に寄与することになる。

3．ベトナムにおけるライフスタイル構築の現状

　史的唯物論によれば、コミュニティの生産力が発展して、地域社会の生活が起源となりライフスタイルが構築された。人は生活条件の中でさまざまな創造を行い、それを時代によって修正してきた。

　これをベトナムに当てはめ、工業的な生産方法や知恵を現代の都市生活へ効果的に適応させることができれば、それは開発に有利な客観的条件となり、現在のベトナム都市は短期間で急成長することができる。しかし、ベトナム社会の中心は農業であり、国民の精神的基盤は農村にある。人々のライフスタイルを農村部から都市部の文明的なライフスタイルに変更し修正していく過程は短期間には完成できない。「長期間かけて社会を経済改革している過程」というのが現在の状況といえる。この過程を成功させるためには社会を構成するすべての成員の協力が必要である。特にベトナムは非常に低いレベルから出発したので、都市ライフスタイルの完成には長く険しい道のりを歩まなけ

ればならない。現段階までにさまざまな改革が行われて、工業化は予想以上の成果を達成した。しかしながら、現在でも農村居住者は全人口の70％を占め、都市住民は29％でしかない。

　ベトナムは2020年に工業国になることを目標としているが、実現したとしても農業のライフスタイルや農村生活の影響は残ることだろう。その理由としてまず考えられるのは、ベトナムのアイデンティティは農村生活の中で生まれ、発展してきたという点である。農民精神は文化的、民族的な背景として新しい文化の中にも存在し続けると思われる。何世代にもわたって長期間受け継がれてきた農村型の社会構造は簡単にはなくない。そのため工業化が実現した後にも人々の心の中に農村社会の価値観が存在し続ける。

　このことは都市ライフスタイルの進捗を妨げる大きな障害となる。新しいものが進出するためには古いものを克服しなければならない。市場経済化やグローバル化の影響でベトナムの都市は近代化されつつあるが、旧来の農村ライフスタイルの習慣や価値観を克服することは簡単ではない。また、旧来の習慣の中には優れた特性もある。民族の優れた伝統的な価値観をすべて否定するような都市のライフスタイルの形成は、人々の生活に多くのマイナス要因が発生する。それは個人主義の横行や身勝手な享楽主義をまねきかねない。市場経済が発展し物質的に豊かになれば、欧米型の生活スタイルが個人や社会に浸透する。欧米型の生活スタイルを若者は魅力的に感じるかもしれない。しかし、魅力的である一方で好ましくない現象が発生することを忘れてはならない。

　農業社会から工業社会へと都市文明のライフスタイルが順次変化することは、一般的に非常に長い期間が必要である。その長い期間にお

いて工業化は人的発展のプロセスに影響を与え続け、工業化に適した人材が育成される。そのことで持続可能な都市化の要件を満たすことになる。工業化のプロセスを加速させることも重要だが、それと同時に近代化と国際統合時代に適応した持続可能な社会主義志向が求められる。それに則した形式で積極的に都市部のライフスタイルや文明の進歩と発展を促進する必要がある。

この作業は簡単ではない。各階層、各業界、すべての居住民が社会生活のすべての分野で包括的に長期間取り組む必要があり、社会の中での責任の統一と調整が必要となる。社会編成に関する法律を整備し、経済生活を管理し、社会文化と都市の経済発展を計画する。また、都市のインフラ建設において、電気、上下水道、廃水処理、通信、学校、医療システム、娯楽施設などの都市機関はすべて同期的に建設されなければならない。都市整備は交通標識や街路灯を設置するだけではなく、建築計画そのものを再検討し、地域住民の文化的価値観やライフスタイルを考慮して、市民の進歩と教育に役立つようにすることが重要である。

第10回党中央委員会会議は、進歩はすべての社会的勢力やコミュニティの責任と行動の意識統一が必要であると結論づけた。「党組織と党委員会が指導し、文化分野におけるすべてのレベルで効果的なリーダーシップをとりながら、諸問題を解決すべきである。党が機関の活力と創造性を促進し、国家、祖国戦線と大衆組織、団体の相乗効果による文化芸術の創造、科学技術の発展などの文化活動を奨励する。そのことにより文化的な任務として創造、生産、保存、修復の質を向上

し、労働文化を広める」としている。⁴

　ドイモイ開始以降、ベトナム共産党は国の発展における生活様式の役割を深く認識するようになった。新しいライフスタイルが継続して発展することを目標として、多くの会議で討議が行われた。第6回党大会（1986年）で「社会生活のすべての分野で秩序と規律を回復し、文化的なライフスタイルを目的とする社会正義と社会保障を適用すること」が決議された。また、別の決議では、「国家と社会生活のすべての活動に秩序と規律を回復するために、法律に基づいたライフスタイルや労働の構築、自己規律、社会組織や国家機関の教育や行政の施策に関連するすべての人を尊重することを堅持しなければならない」とした。さらに、「行政は人権を尊重し、文化、社会、経済すべての活動の倫理基準とならなければならない」という議決もされた。⁵

　第7回党大会（1991年）は、生活分野の弱点を評価し、「迷信や悪習慣は文化と社会を劣化させ、汚職や社会不正の増加をまねく」とした。

　その後も党は継続してこの問題に取り組み、「ベトナムの文化を構築し、開発を続け、民族の文化的な真髄である伝統文化の保存と振興に全国民を動員する」と議決した。

　新しい家庭生活の文化を構築している現在の状況は、非常に重要であり、生産力の向上、安定性の改善、生活の発展に貢献するとともに、国の良き伝統である道徳と文化を奨励して、すべての階級の人々や家族の義務意識を高める。労働組合、青年団、学校などの連帯は尊

---

⁴ Đảng Cộng Sản Việt Nam: *Các nghị quyết của Trung ương Đảng 2001 – 2004*, Nxb. *Chính trị quốc gia*, Hà Nội, 2004, tr.245

⁵ Đảng Cộng Sản Việt Nam: *Văn kiện Đại hội đại biểu toàn quốc lần thứ VI*, NXB. *Sự thật*, Hà Nội, 1987, tr.88,89

重すべきであり、それは文化や市民社会の役割を促進する。第10回党中央委員会は第5回大会の議決の実施状況を分析した。「工業化と近代化、国際経済統合の時代であるが、国の文化的アイデンティティを保持しなければならない。特に若者にはベトナムの文化的側面を認識させる必要がある」とのべている。このようにベトナム共産党は新しい社会の構築やライフスタイル発展の重要性を認識している。

　しかし、文化的な生活の構築は適切に評価されていない。倫理の低下したライフスタイルは若者の社会悪と犯罪を増加させると、党中央は懸念している。新しいライフスタイルの構築と開発において、所定の効果が達成されていないことは明らかである。新しいライフスタイル文明の建設では理想と実際がかけはなれている。中途半端な活動では人々の生活の内側まで浸透しない。すべての階級と業界の社会生活の分野で新しいライフスタイルを構築するために、党の見解を浸透させることが必要である。すべての階級、業界、社会的勢力は統一した目標を再認識しなければならない。

　文明化されたライフスタイルを構築し、それを発展させることは豊かで美しい国造りに貢献することである。そして究極の目標は、すべての人々のために物質的、精神的な生活の質を継続的に向上させることである。そこから、人々は各人の個性を尊重し文明化されたライフスタイルの自己建設を認識する。文明化されたライフスタイルの発展と進歩とはボランティア精神と新たな価値観や行動規範および民族主義の文化である。そして、現代の人文科学の高まりを実現させるガイドラインでもある。党と国家のライフスタイル建設理念を人々の生活に浸透させなければならない。

文明化した都市のライフスタイルを進捗させる仕事は、長い期間とさまざまな困難が予想されるが、不可能なことではない。そのためには、今一歩積極的に踏み出し、適切な過程を通過させる必要がある。それは結果として、ベトナムの持続可能な都市化を実現する国家開発のプロセスとなる。しかしながら、この過程で所定の効果を達成するためには、都市生活様式が発展した社会構成が必要である。まず、新しいライフスタイルを開発し、全党と担当人員を早急に再編成して、統一した行動の実施が必要である。また、統一を実現するため、早急に社会的合意を得る必要がある。

　それに関連して問題となるのは、都市ライフスタイルの文明的進歩と発展のため、個人と各部門の組織とコミュニティの責任感を構築する方法である。また、マクロレベルでは、生活を文明化させる建設過程と発展過程は、正しい戦略的方向性や企画のもとに徹底的に推進する必要がある。例えば、特定の都市に低レベル技術の工業化が集中することは環境汚染を引き起こす原因となる。各自治体は企画部門、生産拠点、事業、自然条件の特性に応じて条件や技術的なインフラストラクチャ計画を即刻かつ長期に実施しなければならない。

　または教育と訓練は生活を文明化させる計画の中でも非常に重要であり、進歩的なプログラム設計を考慮しなければならない。それぞれの教員は授業で何をするべきか、技能訓練だけでなく文化的価値観による道徳的な規律と生活習慣を養うことが要求される。

　文明化に向けた都市ライフスタイルの開発は、困難であっても急速に着手しなければならない問題である。その中でもっとも重要なのは人材開発である。民主的で公正かつ文明的であり、国の建設と発展の要件を

満たすものでなければならない。党と政府は、一貫した基準のリーダーシップと管理能力を持ち、価値の統一をするために担務を割り当て、すべての業界が戦略計画の段階から参加し、すべての階層、すべての組織や個人の協調を得て取り組むことがもとめられる。都市型ライフスタイルの開発は、高効率に総力をあげて取り組み、社会的責任のもとコミュニティ全体で達成するべきである。正しい価値志向の文化と生活様式の標準や文明化された行動が必要とされるが、世論を通じてタイムリーに行動を調整する制御メカニズムを整える必要がある。

II. 都市ライフスタイル建設の主要な問題解決

1. 都市社会の進歩と経済発展の質を向上させる物的条件
A. 都市化をさらに促進するための経済発展の質的向上

　1998年にベトナム国家首相は、2010年に向けた国の工業化と近代化の主要な動力は都市の発展にあると発表した。ベトナムは2020年までに工業国になることを目標にしているが、都市人口の増加や都市圏の規模拡大などの面で、都市化は多くの成果を達成している。また、一定の水準で経済成長を維持し、人々の生活の質を向上させている。2007～2009年は世界的な経済危機の状況下にあったが、ベトナム都市部の成長率は約8％～10％であった。建設省の10年統計（1999年から2009年）によると、都市部の平均経済成長率は12～15％であり、国の一般的な経済成長よりも1.5～2倍高かった。[6]

---

[6] Bộ Xây Dựng: Báo cáo 10 năm phát triển đô thị và những giải pháp cho thời kỳ mới, báo Xây dựng điện tử, ngày 9-11-2009.

現在の都市部、特に大都市からの収入は国内総生産（GDP）の70％を占めている。ハノイ市のような大都市では一人当たりのGDPが全国平均の数倍に相当する1,500ドル／年[7]に達している。ニャチャン市のように約1,779ドル／年に達しているところもある。しかし、経済が成長していても、住宅事情、浄水供給、公共サービスなどは都市生活の品質を満たしているとはいえない。環境汚染や交通渋滞などは以前から問題になっているが、都市の急成長により問題がより複雑化して解決を困難にしている。必要なのは持続可能性を確保するために徹底した議論を行い、次の段階で達成可能な都市開発を調整することである。

　都市のシステム開発は、生産力発展の分布と工業化のプロセスの要件、近代化やベトナムの国際統合レベルと一致していなければならない。全国の開発が合理的に分布していることは、地域間の発展を均一にする効果がある。

　戦略的な意味で国の食糧安全保障を確保するためには、農村と都市の連結を重要視しなければならない。このことはまた、国の発展の各段階に合わせて、都市の保全と伝統的な文化的価値の維持推進にもつながる。

　都市開発は安定的で持続的な利用が可能な適切な空間、天然資源、土地、エネルギー節約など使用の合理性に基づいた環境保護と生態系のバランスを考慮した組織的な開発が求められる。[8]

---

[7] （出版社注）2013年の一人当たりＧＤＰ1902ドル、JETRO
http://www.jetro.go.jp/world/asia/vn/stat_01/

[8] 445/QĐ-TTg、2009/04/07 Quyết định số 445/QĐ-TTg, ngày 7-4-2009 của Thủ tướng Chính phủ Về phê duyệt điều chỉnh định hướng Quy hoạch tổng thể phát triển hệ thống đô thị Việt Nam đến năm 2015 và tầm nhìn đến năm 2050, Hà Nội, 2009

都市開発は自治体を中心として行われているが、地方、地域、国家規模の経済問題は経済成長だけが絶対的な条件ではなく、さまざまな条件を勘案して合理的に開発するべきである。経済問題は都市開発計画部門の担当であるが、自国の発展レベルだけでなく、国際的協調の開発要件と比較して製造業や企業経営との相関も考慮しなければならない。都市部の工業化と近代化のプロセスは、農村部およびその周辺地域での経済構造改革と相関し、合理的な計画を企画実施しなければならない。特にホーチミン市やハノイ市のような大都市では十分に考慮する必要がある。

　これまでのように経済最優先ではない計画を実施する場合、経済成長の加速度が変化する。そのため、急激に成長している大都市の経済成長を抑制してしまうことも予想されるが、交通渋滞や環境汚染のような都市問題を減少させる効果は期待できる。一時的に停滞する経済は時間の経過とともに回復し、国全体の工業化の規模は拡大する。市場経済の特徴として、技術的なインフラと社会インフラが拡大した大都市は、生産を発展させる投資の流れを引き寄せるため、ビジネスを容易にする。

　問題は、ホーチミン市とハノイ市を含め大規模な都市の投資計画が未整備で、投資環境が不十分なことである。これまでは経済成長してきたが、ベトナムの産業構造は持続可能な体制となっていない。自国産業の技術レベルは高くなく、大規模な食品加工工場でも人手にだけ頼っている状態である。生産レベルは後進的であり、工業化といってもベトナム製で世界市場と競争できるような主要工業品はない。市場のタイプ（商品、サービス、労働、金融）は同期していないし、企業

規模も小さい。しかも、経済発展が環境保護と連動していない。

　文明化された都市ライフスタイルを構築するためには、基本的かつ長期的な経済基盤が必要である。緊急課題として経済成長の目標を堅持しなければならない。すべての人の物心両面における生活の質を継続的に向上させるためには、持続的な発展を確保する必要がある。このことは文明化と進歩に向けて、都市のライフスタイルを構築するプロセスの中で最も重要な点である。

　現在のベトナム都市は経済発展により工業化と近代化が進行している過程にある。この経済発展を一時的なものではなく、持続可能な発展にする具体的方法を考えてみたい。

　まず、経済面の条件として、各自治体の経済発展戦略計画と都市開発計画を世界の状況に同機させなければならない。戦略と安定性を確保するだけでなく、必要に応じて計画を調整する柔軟性を持つようしなければならない。治安と国防に配慮し、開発計画と文化的な問題に対処するなど、生活の他の面との完全な均一化を図るべきである。

　次に、経済発展と同時に生態系の保護を徹底する必要がある。汚染の予防だけでなく、環境をさらに良いものにするような社会貢献がなされなければならない。

　そして、雇用の創出と労働者のためのより良い労働条件に焦点を当てる必要がある。経済発展だけでなく、従業員のワークスタイルや産業文明を進歩させる習慣を形成するための条件を整えることが求められる。

　経済特区や工業団地における諸問題にも対応しなければならない。技術革新を強化し、製造業の技術と技術的なスキルを向上させることは、工業化と近代化の必須条件である。そのためには、高い技術と能

力を有する基幹産業を優先的に育成し、人材の質を向上させる必要がある。大企業だけでなく、中小企業の産業施設が発展することは、産業の育成と同時に雇用を増やす効果が期待できる。工業が発展し拡大することにより、工業団地が郊外や農村部に隣接して建設される場合、地域間のバランスを考慮して環境汚染を警戒した開発を指導しなければならない。

　工業の育成だけではなく、都市部は農業への配慮を怠ってはいけない。都市の条件に応じて天然資源、森林、海、山など農業部門の生産性の向上を確保するとともに、農業生産工程における技術レベルを向上させて近代化する必要がある。そのことによって、食の安全性や生態系への影響を改善できる。また、食品は工場で加工することによって付加価値が増す。持続可能な発展のためには周辺地域における農業開発の場で工業と農業を協調させなければならない。

　都市部の商業と地元の市場を活性化させるため、地域や国のニーズを考慮した実行可能な計画を立てる必要がある。サービス業部門では金融、銀行、保険、コンサルティングなどのサービスを強化した開発が必要である。サービスの供給、販売、消費等の部門で労働者の雇用を創出するための観光業などのさまざまなサービス業も文明化することを目標にすべきである。

　文明化された都市型ライフスタイルの形成と発展を促進して、都市の経済発展を持続させることが国の経済発展につながる。また、そのためには、経済開発計画の質を向上させる必要がある。現在の国際化と国内各自治体の条件や状況に応じた戦略的な経済開発計画が求められる。

都市経済の発展を持続させるためには、郊外地域や周辺部と地域経済の中心地の間で経済部門間の整合性を調整する必要がある。一貫性のある長期経済開発プロジェクトによって自治体の開発を計画的に調整する。また、都市部とその周辺農村の経済的な調整も必要である。各部門との調整により発展を共有することは、国家の安全保障を確保し生態系を保護することにつながり、社会的な問題に対して効果的に対処することにもなる。

　都市の経済発展計画は、主に産業の発展を目指して新たな経済特区に投資を集中させる。経済特区は自然環境や社会の安全性の要件を満たすことによって生産性の向上と労働の質を保証する。そのためには、各企業や業界が大胆に人事異動を行うことが必要である。効率的な経済基盤を構築することは地域の人々に職業と収入を与えるとともに、経済構造改革のプロセスを加速化する。食料や原料を近郊から供給することで、農村部は都市経済に参入する。農村の人々が都市部で働かなくても、それは都市のライフスタイルのためになり、地域に文明と進歩を拡大する効果がある。

　都市人口は現在の経済の概要を示すものである。ベトナムの現在の都市人口は総人口の30％を占めているが、都市経済の収入はGDPの70％を産出していてアンバランスである。この不均衡を解消するために、農村部から大規模な人口移動があると都市の人口過剰現象が発生して、貧富の格差拡大や環境汚染の原因となる。また、現在でも問題になっている都市生活の農村化が助長されることになる。

　工業生産の増産だけでない経済発展をめざす都市開発計画では、市民の人的資質に注目して計画すべきである。また、そのためには市町

村レベルに応じて、サービスの優先順位の種類が異なっていてもよい。大都市の場合、市場経済の発展を優先する。その市場は地域や国の経済発展に大きな影響を与える金融、証券、銀行、保険などの法務や技術のコンサルタント業務を中心とする。

地域と区域外地域や外国との経済関係を拡大することも重要である。大都市以外の地域や地方都市との関係を強化し、それぞれの長所を生かして互いに発展できるようにすべきである。国家レベルでは成し遂げられない地方独自の発展方法もある。そのためには、「誰が何をする」という区分を明確にした上で地方間に競争原理を導入する。そして、国とも連携することでさらなる発展が期待できる。

B. 都市建築計画の品質の向上

構造物だけでなく、社会的価値志向と各コミュニティの文化面におけるステレオタイプなども含めて、都市の景観を構成する建築物は経済状況の反映と考えられる。そして、一旦形成されたものは、住んでいる居住者の行動の形成と変更の動機や方法などに長期間影響を与える。このことは歴史と建造物の関係を考えれば容易に理解できる。

建造物を含むその地方の景観は、多くの場合、非常に正確に組織と管理のレベルを反映している。それとともに、社会活動や都市文明の生活レベルも反映している。例えば都市の上水道システムは非常に重要な役割を果たす。これは持続可能な発展の必須条件であるが、それだけでなく文明の進歩や都市ライフスタイルの形成と発展のための方向性に大きく影響する。

近年の経済発展により、ベトナムの都市構造物は良い方向に変化し

た。特にこの10年間の変化は顕著である。そのことは各自治体や国の都市化の過程に寄与するだけでなく、文明化に向けた開発へ積極的に貢献している。

開発において長年にわたる国際的な経験と知識をベトナムに生かすため、党と国家は完全なメカニズムと都市開発のための政策の構築に十分な注意をはらっている。都市開発計画の承認や建築空間計画、特に都市景観は重要な検討課題である。

これまでほとんどすべての国家は、都市システム指向のマスタープランによって全国の大小の都市が発展することを計画している。ベトナムの建築は外国の専門家に設計を依頼するなどして近代化の方向へ推移している。都市社会計画を見直すことで経済発展のニーズを満たすとともに、民族や市民の要求に配慮した空間の構造を実現しつつある。現在、多くの自治体は拡大発展の過程にあり、主要な建築物を建設している。その都市の長期的発展の要件を確実にするために、都市構造の合理性を追求するだけでなく、地域の伝統や文化にも配慮して、その特徴を盛り込むようにしている。例えば、少数民族が多く暮らす中央高地の自治体では現在、非常に豊かな多様性のある多文化主義を目指したダイナミックな建築空間を構造化している。高原都市のダラットやバンメトートでは現代的空間に民族の要素を結合させている。現代的でありながら伝統文化と統合された建築や少数民族の文化を特徴づけることは重要なことである。ここでは現代的なものだけでなく、地域の人々が継承してきた文化的価値や行動パターン（ライフスタイル）などの文化的アイデンティティのキャラクターを前面に出すことが実現化されている。

ベトナムではこれまで都市空間と都市建築の建設に多くの期間を費やして取り組んできたが、すべてが成功したわけではない。

　これまでに様々なレベルで多くの都市計画やプロジェクトが企画実行されてきた。しかし、企画に統一性がなく、場合によっては企画が重複したり、以前の計画と現在の計画で矛盾が生じたりすることがあった。個々の地域計画や担当部門の間で協調性がなく、実施に格差が出来てしまうことがあった。また、地域の開発に一貫性がなく、開発地域と適用外の地域がまだらに存在することもあった。これは、集中インフラ建設の大きな障害となってしまう。この協調性のなさは街で見かける道路工事などにも表れている。電気、水道、通信などの工事が自己都合だけでくり返されるので路面は継ぎはぎだらけになってしまっている。

　開発工事の遅延という問題もある。新規の計画で工事を進めても、期間が遅延するため、後から別の条件も盛り込まなくてはならないことがよくある。そのため、計画の実施が都市の成長に追いつかない事態が発生することにもなる。

　都市計画においてはマクロレベルの大きな視野とミクロレベルの個別対応が必要であり、それぞれに適切な予算配分をしなければならないが、そうではないケースが散見される。多くの都市では人口過剰問題に対処する予算配分が組まれているが、不動産市場への投資額は限られている。共有スペースに対する考慮は大切であるが、居住者個々人の居住環境も考慮するべきである。都市部の建物の密度は、インフラの指標と比較してそのほとんどが高すぎる。また、学校や図書館のような公共施設の設計も高密度である。川や緑地のような生態系環境を確保することで生活者の居住環境が向上する。しかし現状では考慮

されていないことが多い。多くの都市ではまだらに開発されていて、居住環境を含めた都市景観に統一性がない。また、建物の多くはステレオタイプであり、個性に乏しい。

　都市建設のために具体的な活動として投資や投資誘致が行われているが、監督官庁による承認が遅くて、時期を逸してしまうことがある。計画には綿密なモニタリングと厳格な検査が必要であるが、実際には適切に行われていない。不適切な設計計画が実施されることで現在のようなまだらな開発になってしまう。

　このようなさまざまな問題を克服して持続可能な都市開発を実現するために取り組まなければならないことは、都市エコロジー、インフラ、都市計画承認の品質管理などの問題である。

　具体的な対策として、建設計画を検討し調整することが必要である。それぞれの自治体が独自に取り組むのではなく、全国レベルや地域同士で連絡を取り合って調整を図れば統一的に開発を進めることができる。

　現在は国と社会そして生活が大きく変化している時期である。特に都市部では短期間にさまざまなことが変更される。そのため、都市景観やそのデザインも新しいものに更新されなければならない。都市景観だけでなく経済構造も変化している。経済動向や人口増加率などを正確に予測して都市開発の計画を実施しなければならない。しかし、さまざまな理由によりベトナムの予測数値は正確ではない。そのため、都市計画や景観設計では多くの異なる要素の調整が必要になるとともに、構造設計に柔軟性をもたせて将来の変更に対処するべきだろう。

　現在のベトナムでは行政境界の意識が減少する傾向にある。市場経済の統合により経済の交流が盛んになることに伴って文化の交流が始

まり、交通ネットワークで都市や区域が結合されるようになる。都市空間の結合は、さまざまな都市問題を効果的に減少させる。多くの発展途上国にとって都市の社会悪や交通問題は慢性病のようにはびこっているが、都市をネットワークで結び一つのクラスタ（都市群）にすることは、その治療だけでなく予防の効果も期待できる。[9]

ベトナムの国家計画によれば、2020年の都市人口は全人口の45％に相当する4,400万人になり、2025年には人口の50％である52万人にすることを目指している。この計画は、都市の数を増やすのではなく、都市の人口を増やして巨大都市を造ろうとしていることに注意しなければならない。そして、この計画は確実に実施されるべきである。ベトナムの都市システムは中央直轄都市、地方都市、省都などからなるネットワークモデルによって構成されている。首都ハノイ市、ホーチミン市、ハイフォン市、ダナン市とフエ市の都市内ネットワークは、都市の中心を基準に形成され、開発されている。

ハロン市、ニャチャン市、バンメトート市、ビエンホア市、ブンタウ市とカントー市などは地域の中心として都市が形成され発展した。

ベトナムには現在、中央直轄5都市と12の地方都市がある。地方の中心となる中央市街地は、省と中央直轄都市に準ずる地域の中心となる。その都市の周辺部には農村が広がる。また、大都市の近郊には住宅地を中心とする衛星都市が点在する。

都市レベルで区分すると6地域の経済圏に分けられる。それは、北部

---

[9] マニラの環境汚染問題による損失額は1億4,000万ドルと推定されている。バンコクの交通渋滞も深刻で毎年2億ドル以上の損失がある。ホーチミン市の交通渋滞による損失は1億5,000万ドルに達する。

山岳地域、紅河デルタ地域、北部および中部沿岸地域、中央高原地域、東南部地域、メコンデルタ地域である。

　大都市であるホーチミン市、ハノイ市、ハイフォン市などが経済の中心となっているが、大都市の周辺部に衛生都市を建設する場合、人口の集中を最小限に抑え、経済基盤と生態系の保護が両立するようにしなければならない。市領域という区分もある。例えば、ホーチミン市領域とはホーチミン市を中心とする経済圏のことである。市を中心として衛星都市や地方都市がネットワークで結ばれた経済圏となる。東西や沿岸部との連携は経済だけでなく国防のためにも重要である。また、都市景観を乱すような建築を効果的に管理するために罰則規定を整備するべきである。

　現在、大規模な都市は国によって計画が策定されることが一般的であるが、さまざまな原因によってその品質は高くはない。また、民意が反映されたものでもない。都市企画は幅広い意見を盛り込んで実施すべきであるが、現状はそうではない。そのため場所によって開発速度が異なっている。これは持続可能な都市開発や経済発展の要件を満たしていない。都市景観を含む建築においては、計画、設計、施工の各段階で近代化と国際統合の要件を満たすとともに、民族のアイデンティティを確保しなければならない。

　現代の都市建築は近代化と工業化の方向で推移しており、都市の文明化を加速する要因となっている。それと同時に歴史遺産の保存や修復も忘れてはならない。民族のアイデンティティが息づく近代都市を目指すべきである。また、建築計画は理論的に統一性をもちながらコミュニティの同意が得られるものでなければならない。そのためには

創造的で優秀な建築家を養成する必要がある。また、統一性を維持するため国の管理機構を整備しなければならない。現行の建築基準法を見直して、厳格に適応することが必要である。そうすれば、現在の都市で散見する奇妙な建築（例えば幅3メートルの5階建て…）などは淘汰される。また、構造の不均衡や周囲と調和しない色彩なども是正することが期待できる。古い都市でも現代的な変更を加えることで、近代的な暮らしやすい都市に変更可能である。

一方、都市景観の建築を適切な計画で管理することは、市民の法律意識を向上させる意味でも重要なことである。

C. 都市インフラの近代化を加速させる要因.

建築物を構築する場合、電気、水道、通信などのインフラによって構造が制限される。最近の都市は投資が集中しインフラも充実したため、経済の更なる発展が期待できるレベルに成長した。しかし、ベトナムではさまざまな理由により、多くの制限や欠陥が経済成長と文明化を阻害している。実際には、全国にある都市の中心部でも不十分であったり旧式であったりするような設備がまだ残っている。市街地道路の地下に大規模な排水設備を完備するのは世界的に常識であるが、ベトナムの都市にはその設備のないところが多い。このようにベトナムのインフラ基盤は脆弱だと言わざるをえない。

その原因の多くは将来予測の欠如にある。過去に行われた計画の品質は低く、投資金額も十分ではなかった。都市や社会は近代化を急いでいるが、設備投資の優先順位に誤りがあった。そのため、住民の生活レベルに安定性がなく、品質が抑えられることで進歩の速度が遅く

なっている。

　都市のインフラ工事は行われているが、部分的な改修であり全体の統一性に欠ける。製造業は日増しに拡大しているが、インフラが追いついていないため交通渋滞や排水汚染などの都市社会問題が発生している。特に、この傾向は大都市とその周辺部で顕著である。都市開発の計画不良や低品質な建築にも問題がある。技術インフラを構築する上で重要な基本的な基準は、街や地域の持続的発展性を保つことであり、緑地や公共施設、歩行者専用道路、駐車場などを確保することである。また、市民にレクリエーションを提供する運動場や劇場なども必要である。

　これらの欠陥は市民や都市コミュニティの文化形成に直接的、間接的なマイナスの影響を与える。インフラに投資して設備などを改修することは、都市の持続的発展を目指すだけでなく、都市ライフスタイルの形成を推進して、国全体の発展に寄与する。都市インフラの問題を解決することは社会的な要求である。

　そのためにはまず、計画の品質を向上させなければならない。都市の景観設計段階におけるインフラシステムの計画は都市、地域、国などすべてのレベルで検討するべきである。都市の現状や特性（潜在的条件、将来性、発展の可能性）に合わせて開発計画の補充や修正を行う。また、施工後の修正が難しい橋梁や排水システムの設計は慎重に計画しなければならない。

　都市部のインフラ設備は同じ場所にさまざまなシステムが組み込まれている。例えば地下坑は下水だけでなく通信や送電にも使用する。それらの工事を同時に行えば道路の掘削は1回で終わるが、別々に工事

するようでは何度も掘削をくり返さなければならない。都市のインフラ工事は大規模なものが多いが、技術が低いため工事期間は長い。その長い工事期間中は周辺の住民に騒音や不便を強いることになる。

　都市とは人為的に造られた人工的な社会環境である。そのため、住民の生活レベルやライフスタイルの質はインフラに大きく依存する。例えば、排水処理システムや廃棄物の収集は、衛生的な生活環境を確保して健康を守るだけでなく、景色の美しさや居住環境を保持する効果もある。近代的な道路システムは、交通の利便性だけではなく、活動的なライフスタイルを推進し、交通の法令意識の向上にもつながる。

　ベトナムの低いインフラ品質は都市居住民のライフスタイルに影響を与えている。道路や橋、港湾、駅などは新設もしくは拡張工事が必要であり、上下水道、電力、廃棄物処理などは新しい技術を導入して設備を早期に更新しなければならない。近代的な設備に更新する工事は、技術基準だけでなく衛生や環境景観の要件を満たすものでなければならない。学校や病院を建設する場合、衛生や騒音面に対して特に留意するべきであり、場所は都市の中心部を避けた方がよい。また、住宅地とそれを結ぶ交通システムを建設する場合は、上下水道の設備も合わせて建設する。低地のインフラには雨水の排水設備が必要である。雨水の処理設備がなければ、その地区の住人は雨季の生活が制限されてしまう。[10]

　都市の発展で年々増加するゴミ処理問題を解決するため、近代的な廃棄物処理プラントは緊急に建設する必要がある。

7　雨水の排水設備は1ヘクタールあたり200〜300mの長さが必要とされるが、ベトナムの各都市では130〜170mしかない。

公園や道路の緑地化も重要である。住宅地域や工業団地にも住民の憩いの場を供給しなければならない。また、都市コミュニティのニーズによって文化活動やスポーツの拠点となる施設を建設する。既存の競技場や地域文化会館は設備を更新してリニューアルする。新規の住宅地はいわゆる"エコ・リゾート"と呼ばれるような郊外型住宅が望ましく、十分なインフラや先進的なサービスを集中させた都会的なスタイルの住宅建設が推奨される。

　教育、健康、文化分野の予算の増額を考えるべきである「。教育は国の重要な基本政策であり、文化は社会の精神的基盤として持続可能な開発を支える重要な要素である。

　都市が発展するためにインフラの整備は"ハード"面として重要であるが、"ソフト"面の安定的で適切な開発が欠かせない、と経済の専門家は指摘する。都市には地域や国の経済、政治、文化、教育の中心となる機能が必要であり、"ハード"、"ソフト"両方のインフラが備わっている構造でなければならない。都市問題の賢明な解決策と持続的な発展を保障しつつ経済成長を確保するためには"人間発達環境"へのインフラ整備の投資を増やし、ソフト面を充実させることが重要である。教育開発の中で特に重視しなければならないのは教育、健康、文化の事業である。社会秩序と経済発展の要件を満たすために強化された優秀な人材を確保する必要がある。これによって、地域社会や国の工業化と近代化および国際統合を推進する効果が期待できる。

　このように、インフラ整備には多くの予算が必要であるが、限られた予算の中でどのようにして最大の効果を得られるように活用するかという問題もある。都市が拡大すれば、当然予算も増額せざるをえな

い。特に、新しく開発された地域ではインフラの初期段階から構築しなければならず、多くの予算が必要となる。実際には政府の予算に国内経済のすべての部門や外国からの投資を加えて必要とするインフラを開発している。また、積極的に地域経済を振興する政策を推進して税収入を増やすことが重要であり、無駄な費用は削減しなければならない。そのように予算を効率的に運用するとともにインフラ整備の遅延や拡散の防止も怠ってはならない。

　インフラ整備のガイドラインを設定して「民間活力を国の支援に利用して、国家と国民が一緒に働く」体勢を構築することはどうだろうか。市民が建物のインフラに直接投資することを奨励するとともに、労働力の貢献、材料の寄付や工事の援助など、さまざまな形のインフラ投資を受け付ける。そして工事完成後に対価を補償する制度を創設する。対価の補償は金銭でなくても施設を優先的に利用する権利など、さまざまな方法が考えられる。

　外国資本を利用するために、交通、電力、通信、排水処理などの大規模な資本要件をODA事業に組み込む方法が考えられる。国家や国際機関の有償援助の場合は、返済期間や返済方法を確認して実施する。事業運営への投資ではホテルなど収益性の高いサービス業部門のインフラシステム開発を優先的に誘致する。レストランなど収益性の高い特定の事業項目の開発を支援することも重要である。

　都市インフラの開発において、地域の自治体は経済部門構築に投資することを奨励するべきである。例えば、農地から商業地区へ土地利用変更を実施する場合、都市インフラの建設債発行を認めて企業や投資家を誘致する。外国企業にはいわゆる"BOT"を投資案件として推奨

する。BOTとはBuild（建築）Operation（企業経営）Transfer（民間委託）のことである。

　リゾート開発や住宅地開発などの事業は優遇しなければならない。そのため、優先的な投資の認可や公的融資の対象とする。開発に有利な土地の長期使用権の認可や減税措置を考慮する。国有企業は個人と民間企業から資金を調達してインフラ建設を推進する。公共施設の建設や開発事業に協力した個人と民間企業の土地利用税や法人税は軽減あるいは非課税にしてもよい。

　インフラ建設工事は効果的に管理しなければならない。特に資金の管理を厳格な体制で管理することで正確な運営が可能になる。限られた予算を効率的に使用するため管理者に責任を持たせる。

　外部監視を可能にするためインフラ建築のガイドラインをマスコミに公表する方法が考えられる。また、資金配分を適切かつ効率的に行うために、工事発注者と施工業者の間にコンサルティング部門を介入させた方がよい。

　収益を期待できるインフラ設備ならば、建設するインフラが投資額に見合うかという収益率を計算しなければならない。例えば、家畜の糞尿は適切に処理すれば堆肥として販売できる。

　インフラ設備の減価償却も考慮する必要がある。そのインフラ設備によって恩恵を受ける個人や組織は毎年の減価償却分を支払う必要がある。また、補修や修理の費用は使用者が負担するが、具体的な法規定を事前に整備しなければならない。インフラは公共物であるが、使用する市民に対してメンテナンスや補修にはお金がかかるという意識を浸透させなければならない。また、人為的な障害によってインフラ

設備の修理や補修が必要になった場合を想定して、弁済規定をあらかじめ設定すべきである。

　公共施設を含めたインフラ設備は厳格に検査し、障害があればその原因を捜索しなければならない。もし、建築物に違法性があるならば、施工した建築会社は修理と補償の責任を負わなければならない。そして、悪質なものならば法的処罰の対象とするべきである。建築会社は公共物を建築する重大な責任を自覚しなければならない。

　新規に開拓した公共インフラは管理部門へ効果的に引継ぎを行う。一方、施設を運営する自治体は使用者への教育を徹底し、都市部の文明的な生活様式を構築する一助としてインフラを使用する。

　インフラ建設の成功によって国家の近代化やドイモイ政策の普及に役立てるという考えもある。政府が押し付けるのではなく、民意を反映した施設を建設し、完成した施設は地元の人々によって運営する。インフラ設備の使用と管理について国は規定を地域住民に説明する義務がある。インフラ建設のために立ち退きや移転が必要ならば、すべての家庭に都市インフラに関するドイモイ政策を説明して理解を求め、都市が近代化するために国は予算を使っていることを説明しなければならない。

　インフラ構築を投資プロジェクトで実施する場合、委員会方式で運営するべきである。その委員会には専門機関に加えて農民や女性、若者など地域の代表に参加してもらう。委員会方式は、多くの人からさまざまな意見を求めることが出来るともに、地域の協力によって工事の進捗を図る効果が期待できる。それは国益の柔軟で調和のとれた組み合わせを目指すものであり、集団の利益や個人的な興味とコンプラ

イアンスを向上させながら、地域住民の希望を実現する方法である。強制を避け、民主主義の公正性や開放性を守り、住民の理解を確保する公共政策提言を実施することで、当局の決定を受け入れるように住民から進んで考え方を変更するようにしなければならない。

　もし、住民の同意が得られない場合、解決は困難になる。しかも、この悪影響は連鎖反応して周辺地域へも拡大する。農村地域を工業化する場合、農業を破棄して新しい職業に従事する具体的な政府の指導を効果的に実施しなければならない。

　インフラ建設中には検査を必ず実施し、使用中の設備も検査の対象とする。これは都市インフラを適切に近代化させるために必要な措置である。まず、設備の建築中に検査をする。建築品質を中心に検査を行うが、特に道路や地下埋設物の検査は完成前の時点で重点的に行い、違反に対しては毅然とした処置を実施する。

　その工事に適用される国の建築基準や都市の条例をわかりやすく公表することも重要である。建築のガイドラインを地域住民に示すことで、直接または間接的に住民が検査に参加できるようにするための条件となる。区役所などの公的組織が検査を実施するが、地元民の協力とともに何重もの検査が行われれば検査精度は向上するし、検査業務の効率化にもつながる。

2．社会啓蒙運動によるライフスタイル向上
A．進歩的な都市型ライフスタイルを構築するイデオロギーの有効性の
　　向上
　ベトナムにおける党の役割とは、社会主義イデオロギーによって世

界に貢献する国家の建設と国民が適切な方向に進歩することを指導することにある。これは人間科学を推進して創造性を高め、基本的人権を守るとともに、新しいライフスタイルの道徳的価値観を形成することにつながる。

イデオロギーを深く認識させることは、国民感情や思考を統一させるだけではなく、行動を規制する社会的規範を形成する。これは進歩的な都市ライフスタイルの構築に大きな効果がある。

ドイモイ政策実施以降、この25年間に経済はもとより国防や外交などにも大きな成果が見られ、ベトナムは近代化に大きく踏み出した。しかも、民族の伝統を維持継承することで、家族関係の親和性などを保ってきた。このことは、戦後復興に大きく貢献し、勤勉で創造的な労働がゆっくりとであるが確実に文化的価値観や道徳の基準として機能するようになった。社会と市民のモラルは徐々にではあるが新しい都市生活に適応したものに入れ替わってきた。特に若者の意識は大きく変わり、社会や自然に対してより創造的で能動的なものになった。

しかし、ベトナムと世界の情勢が根本的に変化する現在の状況下において、資本主義メカニズムや国際統合による交流の負の部分が少なからず影響している。それは、国民意識のゆがみとして思考や道徳心に影響し、日常生活の中にもその影を見いだせる。拝金主義の価値観は社会悪を増長させ、人との関係を悪化させる。最も憂慮すべきは、倫理イデオロギーの低下によって党員と国民の意識が変性したことである。それによって腐敗が始まった。官僚は権威をひけらかして、公金を浪費する。良い伝統としての倫理は否定され退廃的で甘美なライフスタイルが求められるようになる。この悪影響は党の指導を軽視す

ることになり、ライフスタイルを正しい方向に導くことを阻害する。

　これまでに党はイデオロギーを浸透させる努力を続け、党員と国民の意識を高めるように勤め、多くの成果を達成してきた。これは、現代的で文化的な都市ライフスタイルを推進することにつながった。党の指導による団結と連帯により都市開発における高い社会的コンセンサスを強化することができた。そして、都市ライフスタイルの現代的で文化的なモデルを構築してきた。

　しかし、イデオロギーによる都市文化の建設には制限がある。政策提言や指導教育、政治理論の情報発信だけでなく、その議決にいたる過程も重要である。政府広報のコンテンツは時代の要求に合わせて更新されているが、実質的な改善のレベルには至っていない。市民の生活と政府議決の間には、理論と実践が食い違うなど大きな溝がある。政府発表の内容は現代の多様性に適合していないので理論と現実に誤差が生じる。現代は問題が発生すればタイムリーで鋭敏な対応が求められるが、政府の対応は後手に回ることが多い。

　文化事業として出版やジャーナリズムは盛んだが、その作品の質は低い。都市ライフスタイルを向上させる思想表現も現代に則したものが求められる。ドイモイ時代に則した新しい人物像が完成していない。

　ジャーナリズムはライフスタイルの進歩に関する情報を積極的に提示して文明化に貢献するべきであるが、現在はまだ至らない部分が多い。

　これらの制限や弱点を克服して強みを開発することは、国の発展へ向けて多くの貢献となる。また、そのためには都市ライフスタイルの構築において、イデオロギーの維持とドイモイの継続が必要である。しかしながら、社会主義の科学的な理論を一般大衆へ指導することは

容易ではない。そのため文学、美術、出版などを通じて世論を導く方法として、革新的なアイデアやコンテンツの使用があってもよいだろう。都市文化を進歩させるためのプロパガンダは、都市の現実に焦点を当てるべきである。高等な理論を解説するのではなく現実的な都市のガイドラインや生活に直結する政策とか建築に関連する法律にしぼって指導する。これならば一般的な市民も容易に受け入れられることだろう。

一口にプロパガンダといっても多彩であり、さまざまな異なる形態のコンテンツに組み込まれている。マスメディアの進歩により演劇や小説などさまざまな作品が発表されるようになった。そのなかには都市ライフスタイルの構築によい影響を与えるものやそうではないものもある。しかし、現在のところ都市建設に異をとなえる作品は少ない。都市ライフスタイルのよい例をマスメディアが示すことは効果的な宣伝であり、都市の文明化に貢献する。また、都市の拡張によって生じた不健康なライフスタイルを警告する機能もある。

イデオロギーのプロパガンダは、都市の文明化に寄与するだけでなく民主主義そのものを拡大する効果がある。都市の住民はさまざまであるが、一般的に文化レベルは高い。そのため、都市型ライフスタイルを構築するイデオロギーの宣伝は民主主義の拡大につながる。

プロパガンダの発信はさまざまなコンテンツによらなければならないが、時と場所を選ばない双方向の通信性を拡大するべきである。一方的に情報を発信するのではなく、積極的に市民の意見を聞き入れ、少数意見を尊重することが重要である。また、特定方向だけの情報提示では均等の原則に反してしまい、一部に情報不足が生じる。正しい

情報がなければ誤った情報の蔓延にもつながりかねない。

　指導者と一般の市民が交流することも重要である。開放的な対話環境で若い人も意見を話しやすい条件を作る。そうやって、さまざまな問題について互いの意見を交換できるようにしなければならない。

　民主的なイデオロギーの宣伝では、開放性の確保と信頼関係の構築が必要である。これは、民主的なライフスタイルを形成する重要な条件である。民主化を拡大することは、社会規範を安定させる効果がある。例えば都市建築物の基準等を公表することは市民の共通理解を促進し、都市管理を容易にする。

　政府の宣伝は責任ある発言でなければならない。各人が政治の安定を維持するための責任を負うべきであり、市民の信用や社会的合意が得られなければ都市が発展することはむずかしい。

　都市の文明化を目指す政府広報は、実際にそこで生活している居住民や住民組織を強く意識しなければならない。

　住民の街区、組織、政府機関などすべてのレベルで政府のポリシーや都市のガイドラインを提示する。そこから実生活で発生する摩擦や問題が浮かび上がる。党の指針や国家の政策と同様に生活している市民の意見も尊重するべきである。

　このように実生活に則した底辺の意見を政府は取り上げなければならないが、案件によっては、いわゆる"草の根レベル"で取り組んだ方が問題を解決するのに効果的な場合もある。なぜならば、都市の構築は政府が計画して進められるが、最終的にそこに住むのは市民であり、市民一人ひとりが町の"顔"となる。しかし、すべてを民間に委託するのではなく、経験のある政府チームが方向付けをして、正しい

都市ライフスタイルに導く必要がある。

　政治、経済、文化など多岐にわたる政府のプロパガンダは、理論の説明だけでなく行動が重要である。

　「地域文化の構築」「家族文化の継承」「すべての人々が文化的な生活を築くための団結」「飢餓撲滅と貧困削減」「健全な文化環境を構築」など、これらのスローガンは市民の協力と行動がなければ成し遂げられるものではない。市民の権利を守り、都市ライフスタイルを文明化させることは、大衆の革命運動をさらに進める事業であり、経済、文化、社会のプログラムやプロジェクトは市民とともに開催する。文明化された都会的なライフスタイルが進捗する状況を構築するためには、「理論と行動」の具現化が必要である。

　都会のライフスタイルを構築するためのガイドラインと方針を理解するには、現状に合うように対策を修正しながら実施しなければならない。この修正が不足すると自治体の取り組みに対して市民の信頼を失うことになる。

　市民一人ひとりは政治システム、社会組織、経済組織、職種グループなどさまざまな組織に所属していて、それぞれの課題や行動も異なる。それを一つに統一するのがイデオロギーの役割である。そのためイデオロギーの広報活動は都市に不可欠であり、各個人が法律を遵守し、都市で安定的に生活する基準ともなる。

　社会主義理論でも学派が異なれば、目指す方向に違いがある。また、純粋な理論と現実の生活は同じではない。そのため、イデオロギーのプロパガンダでは修正が必要とされる場合もある。

　実際のプロパガンダは党の指導によって進捗を調整しながら進められ

る。しかし、都市の成長に合わせながら進めなければならない。家庭、街区、学校などの単位で進捗に合わせて実施する。実施機関の情報提供は一般的に普及したコンテンツを使い、党員、地域、グループの順に情報を下達する。それと同時に幹部は都市問題では直接関与する。

B．教育制度の改善と国家指導の強化

都市生活を文明化させる事業においては、一部分だけが進歩するのではなく、均一な進歩が求められる。コミュニティの知的レベルを向上させる方法はさまざまであるが、教育・育成システムにもっとも重要な役割がある。

現代の都市市民には"徳育・体育・知育"が求められるが、学校制度だけでそのすべてを学ぶことはできない。教育革新における焦点は"知識の向上・人材の育成・人材の再教育"の3項目に要約される。

現在の都市人口構成の中で、学校に通っている学生や生徒の割合が大きい。ハノイ市やホーチミン市のような大都市は国内最大の教育センターであり学生・生徒の割合が特に多い。教育には都市の文明化と進歩を促進する重要な役割がある。都市部に居住する学生・生徒の世代に注目しないならば都市の進歩は困難となる。学校を単位とした都市ライフスタイルはきわめて重要である。

しかし、ベトナム都市部の教育にはいくつかの不備や制約がある。一般的に成果だけを追い求める傾向がある。以前から教育は国の工業化と近代化を担う人材を緊急に養成するために必要だといわれてきたが、大切なのは教育の品質である。教育設備はいまだに不備があり、必要なレベルに達していない。また、教師の養成と訓練が十分でないことも問題である。この状況はすべてのベトナムの都市で同じ傾向で

ある。本来目指さなければならない"徳育・体育・知育"のすべてに懸念材料がある。教育が目指す人道や人文の理想は崇高であるが、一部の学生や生徒には伝わっていない。例えば、民族の伝統や歴史についての知識は乏しい。外国語のレベルも低い。母国語（ベトナム語）ですらグロテスクにゆがんだ表現がまかり通っている。母国語や民族の歴史はその国のアイデンティティを形成する基本要素であるだけに将来が懸念される。

教育分野の問題は、近代的な都市ライフスタイルの形成にとって非常に大きな障害となっている。この問題が解決しないかぎりライフスタイルの進歩が望めないことは明らかである。知的レベルを改善して都市ライフスタイルの構築に貢献するように、いくつかの改善策を提案したい。

まず、広報活動は社会全体の意識を高めるために継続すべきであり、特に指導的立場にある党員は国家が提唱する国策を十分に理解し、自覚を持って指導しなければならない。この事業において教育発展のための人的資源と物的資源をすべて動員して、それぞれの階層のイニシアチブと創造性を促進することを図る。

教育は優先されるべき事業であり、すべてのレベルで予算配分を優先しなければならない。特に産業界は教育への投資を積極的に継続するべきである。これは産業界の不備や弱点および欠点を克服する有効な手段となる。

指導者や各部門の管理責任者は、教育にもっと真剣に取り組むべきである。担当部門の既存の弱点と欠点を直視して検討する必要がある。弱点や欠点を最小限にし、克服するための効果的な解決策を検討

しなければならない。

　問題点はさまざまであるが、まず取り組まなければならないのは教育現場から上がってきた現実的な問題の解決を図ることである。

　教育の指導部門は教育の近代化を図る具体的な計画をプロジェクトにまとめて実施するが、その計画を立案する訓練も必要である。

　教育では学問だけでなく学生の意識や倫理についても取り組み、正しい民族の歴史と伝統文化を教えることが重要である。これは教育の質を向上させるために強化しなければならない。

　家庭、学校、地域社会など学生・生徒に影響するさまざまなチャンネルを動員して教育の品質を強化する。特に生活の基礎となる部分の道徳教育は重要である。

　教育事業の中心となるのは社会教育であり、試験の成績を向上させることではない。これまでに多くの指摘があったにもかかわらず、主要教科以外の道徳教育などが軽視されている。この問題は公的な調査を行い、緊急に是正されるべきである。

　教育は都市の文明化に寄与し、進歩的な都市ライフスタイルを構築する基盤となる重要な役割がある。都市ライフスタイルを目指す教育では学校のカリキュラム以外にも十分に考慮する必要がある。徳育の教育では学校も含めてさまざまな媒体を使用する。都市ライフスタイルの仕組みやルールの学習は他のカリキュラムと統合して、高等教育機関からではなく、幼稚園からでも始めるべきである。

C．民族文化を基礎とする生活の構築を推進

　都市生活の底辺から文明化しなければ進歩的な都市ライフスタイルは

構築できない。しかし、文明化の内容には、国家のアイデンティティとしてベトナムの民族文化を盛り込む必要がある。文化的な生活を構築することは社会の基礎であるが、その際、精神的な社会基盤として民族の倫理や道徳を基礎としなければならない。都市部に民族的な文化生活を構築することは、都市ライフスタイル構築の正しい方向付けである。

文化的生活の客観的実態は、物質的なものに依存して成立しているように見える。しかし、文化は物質的なものだけではなく民族の慣習、伝統、宗教などが重要な要素として内容を構成している。人々の文化活動によって国と社会のライフスタイルは決定される。そのため、近代的な生活を構築する最初のステップは、ライフスタイルに民族の文化を取り入れることである。

ベトナムでは住宅地域を街区といわずに"文化区"と呼んだり"文化村"と言ったりするが、文化の意味は生活を構成する一番基本的な部分である。人が社会を構成し、社会は健全な文化生活のための環境を形成する。それはまた、人々が文化的な生活をする条件を整えることにもなる。

文明化された都会のライフスタイルを構築するには、生活の底辺から健全な文化生活を構築する必要がある。家庭、街区、都市、それぞれの部分に文化的生活を浸透させなければならない。

文化都市の建設は文化的なライフスタイル建築の支柱となる。また、文化を基礎とする生活を構築することは、文明を進歩させるための健全な環境を形成することになる。この事業は住民単位で取り組まなければならない。

ドイモイ政策実施以降、ベトナムは都市の近代化に取り組んで25年

が経過した。文明化に向けた都市ライフスタイルの形成過程が進行して、徐々に品質が改善されてきた。文化的な生活の都市ライフスタイル構築で成功した部分もあるが、それ以外に多くの問題に対処する必要が生じてきた。それは品質の面ではなく、都市文明の判定基準に比較して進行状況が制限されている部分である。

文化的な生活の基礎を構築する際に生じる問題を解決するには健全な文化的環境を作ることである。都市の文明化を確実なものにし、社会の精神的な基盤を確立しなければならない。

そのためにまず必要なのは効果的なリーダーシップである。党中央だけでなくそれぞれのセクションで党が率先して市民を牽引するべきである。また、指導の一貫性を確保するため党中央はさまざまなセクションの調整をする必要がある。建設と文化の両方の持続的改善を目標とする社会的な意識と行動は文化的基盤の形成を促進する原動力となる。

市民の社会意識を変えることは容易ではない。そのため党の役員が各レベルの市民に直接具体的な行動計画を説いて説明するのがよい。文化的基盤の形成と同時に都市の近代化を進行させる。そしてそれは街区などの小さい集団から順次大きな単位へと団結を広めてゆくべきだろう。

党員は文明化された生活の模範とならなければならない。文明化と都市のライフスタイルを指示するためである。文化的な基準に基づいて個人、家庭、社会生活を実現する必要がある。また、違反の処理は政府の都市文明と生活習慣の問題および都市のライフスタイルに関連する新判断基準による法律文書の規定に基づいて行う。

地域の文化機関と家族文化を結合させることが大切である。文明化された都市のライフスタイルは文化的な人と街から形成される。個人

と社会、生活文化とすべての社会活動は市民を中心とする人間関係により構築される。個人や地域社会との間に人間性が必要である。文明化された都市ライフスタイルの下で、人々は新しい家族の文化を持つ。完全な道徳的基準の下で、人間的な尊厳をもって形成された社会でなければ、本当に文化的なライフスタイルは実現できない。

党と国はこれまでに多くの時間をかけて「文化的な都市生活を築くための団結」を呼びかけてきた。しかし、市民生活の近代化に関して地域でのさまざまな問題解決をしてきたのは祖国戦線（ベトナム共産党の地域事務所）である。祖国戦線は各種団体や労働組合の活動の調整をし、人民委員会とともに都市の近代化に大きく寄与する働きをしてきた。

文化と都市文明の進歩は規定に則ったものであり、文化レベルは全体を統一しなくてはならないが、その調整も祖国戦線が行ってきた。すべての家庭や社会組織の権利を守る指導を行い、法律違反を短時間で是正させる仕事をしてきた。

党委員会の指導に加えて、都市の地方自治体は管理能力の効率を改善する必要がある。持続的な安定性と公共の秩序、交通安全、公衆衛生を守り、社会悪の防止ために法律以外にも地方の条例を公布して、検査の強化と違反の取締りを実施する。肯定的な世論を形成するための行政措置に加えて、都市の公共財建築法規に基づいた民主主義を実現するべきである。市民自身が行政を「知り、取り組み、検査する」体制を整えることは、政治的な啓発であり愛国心を高める効果がある。

3. 都市ライフスタイルを構築するプロセス管理の効率化を図る政治的要因
A. 都市化プロセスにおける都市管理能力の向上

現代ベトナムの都市化に至るプロセスを歴史的に見ると、二つの形式が浮かび上がってくる。その一つは管理され計画的に造られた都市である。そして、もう一つは自然発生的な都市化である。計画性がなく長い期間かけて自然発生した都市ではずさんな管理により貧富の差が拡大する。このような都市ではインフラ整備が行き届かず、排水や交通のシステム、街路区分、衛生管理などが後手に回って問題となる。そのため、都市管理は困難となり都市ライフスタイルと文明の進歩を構築するプロセスの障害となる。市民に法規制の意識が低く、違法建築が都市を侵食する。

都市管理の最終的な目標は市民生活の品質を確保しながら持続的な発展を維持することである。そのため、現在の都市化の進行に貢献し、都市管理の効率を向上させる政策を考えてみたい。

持続的な発展を確保することは、進歩を達成し、文明化された都会のライフスタイルを構築するプロセスのための重要な条件の一つである。近代的で文明化された都市に向けて、このことを十分に認識し、タスク管理を効率的に行なわなければならない。都市管理において、ローカルとグローバル、即時と長期的、個人と地域・社会のバランスと調和を確保することが、持続可能な都市開発を確保する上で特に重要である。都市管理の事後調整を管理・監督することで統一的に対策を行うことは、より強力な機能を備えた中央の調整を助け、民主主義を促進する効果が期待できる。

都市管理では、一部の違法行為を是正するだけではなく、全体を統一した効果的な調整が望ましい。農村社会とは違い都市社会の構成は複雑であり、大都市であるホーチミン市などでは強力な管理が不可欠

第四章 工業化と近代化過程における都市型ライフスタイルの構築　217

である。また、ハノイ市、ハイフォン市、ダナン市、カントー市などでもそれぞれの都市社会に適した管理システムが必要である。ところが、これまでのベトナムでは都市部に特化した管理指導体制がなかった。これはもっとも根本的な都市管理の問題である。複雑で多次元的な都市部の社会生活の中で発生した問題に対しては、農村とは異なる管理システムにより良好な管理と速やかに解決 が求められる。都市社会の需要を満たすためのより良い指導を研究して、管理システムを構築することが必要とされている。特に中央政府が直轄管理する大都市では数多くの学術的な提案を受け入れ、組織的なリーダーシップと管理体制をとることが求められる。

　都市統治の実績に関して世界の国々の経験と比べた場合、ベトナムには大規模な都市部において強い組織改革能力と都市政治機構がある。この改革プロセスの基本原則を維持する必要があるが、市や地区の自律性を高めるためには、それぞれの行政単位を強化することが必要である。これは地方政府の組織規模を拡大しながら行うとともに大規模な都市の中心部を管理するための組織や運営に関する独自の条例を研究する必要がある。過去にホーチミン市では管理が行き届かなかったことで公営企業の活動を管理する権利が偏って執行されたことがあった。地区や街区の自主性を促がす地方分権は、必要によって各活動の調整や制御を実行できる機構でなければならない。

　都市管理においては、市民の意識を高めて、自己管理の活動を奨励することが重要である。そのための都市統治の望ましい形式は、地域コミュニティが都市経営に参加することである。地域社会、政治団体、都市統治における専門機関の役割をさらに促進するために、基礎

的な民主主義のより良い規制を各グループで実現することが必要である。管理面では市民グループの参加を推奨する。専門機関による社会慣習規定や法律の確認などの援助を受けながら、市民を都市管理に参加させることが望ましい。また、現在の都市は多文化、多階層な社会が複合化しているが、都市の文明化と進歩を目指す都市ライフスタイルの開発は、持続性と堅牢な安定性を確保するために、生活のすべての分野で同時進行させなければならない。

B. 都市ライフスタイルの構築過程に市民参加を拡大し、自律性を高める

インフラ整備は都市ライフスタイルを文明化させる重要な課題である。文明化された都市ライフスタイルの構築を進捗させるには、市民や地域社会の参加を拡大し、絶えず強化された自律性を必要とする。都市化のプロセスは現代の先進的社会を構築する方向に指導することで、負の側面を最小限に抑える制御機能が働く。その方向付けは政治システムによってなされる。その機能を果たすためには市民による市民のための政治システムを構築するべきである。また、社会生活と市場経済の両方に市民管理を対応させることで、都市のライフスタイル向上を目指す。民主主義を展開して、社会的コンセンサスを得る目標を達成するための効果的な方法は、住宅地の自己管理を強化することである。文明化された都市ライフスタイルの建設と進歩は、市民や地域社会の参加なしでは達成することができない。

社会の基礎としての民主主義を実践し市民の民主主義の精神を促進するために、すべてのレベルでリーダーシップをとることが政府関係者の仕事である。その際に、市民から学び、市民を理解して市民の間

題を解決することが重要である。市民の声に耳を傾け、都市の指導者の間で積極的に直接対話を行う。また、地域の指導者は市民の生活を直接見て国家機関とのつなぎ役とならなければならない。国民経済や市民の暮らしに関する党の政策を提案する場合、市民の意見を調整して統一する。そのことは社会の強い基盤となり、長期間存在している固定的な問題も解決することが可能となる。

すべての市民は社会生活を絶えず文明と進歩の方向へ変化させて、文化的な生活を築くための運動と連動しており、市民生活の状況に応じて都市文明のライフスタイルを進歩させる。

持続可能な開発という観点から、実施プロセスにおいて市民の同意を得て地域の自己管理を強化するためには、多くの問題に対応する必要がある。また、そのためには問題を効率的に発見する調査や分析が重要である。

都市ライフスタイルの構築においては、市民の同意のもと居住地域の自己管理を強化して民主主義の拡大を継続する必要がある。市民個人の利益と社会の進歩のために、自己管理の強化と民主主義の拡大は諸問題の解決にきわめて大きな効果をあげる。しかし、この方法の実施を困難にしている要因がある。まず、改革の概念を説明して市民の同意を得るための法令がいまだに整備されていない。特に違反規定が明確でなければ、具体的な指導は困難になる。

財務情報の開示は、公務員の不正を防止する監視や検査を実施するために必要なことであるが、実際には十分ではない。ベトナムでは国営企業の財務や公務員の所得に不透明な部分がある。また、公務員のほとんどは監査の重要性を理解していない。このことは段階的にでも

透明化を進めなくてはならない。自治体の歳入、開発プロジェクトの予算や経費明細などは情報公開規定を明文化して開示するべきである。それにより市民の政治理解は確実に深まる。

　ここ数年、政府の幹部クラスにおいて新しい時代に対する学習が進み、急速に都市化が進行する新時代に対応する風潮が浸透してきた。しかし、底辺の職員レベルでは、生活のあらゆる面を民主化する意識が十分ではなく、旧来の手法を継続している。その解決策の一つとして、基礎的なレベルにおける能力の向上に焦点を当てて民主主義を促進し続けることが重要である。すべてのレベル、特に末端の公務員の倫理として、市民を理解し、市民に奉仕する精神を根付かせる必要がある。また、そのためにも都市部の管理役員は適切な人員配置を心がけなければならない。

　都市建設や都市開発、都市の高級化およびインフラ整備では市民に奉仕することを第一の目標にする。開発のガイドラインや政策の実施には社会的同意が必要であり、市民が都市のもっとも重要な要素であることを再認識するべきである。また、指導的立場の職員は、市民のすべてが都市の恩恵を受けているのではないということを忘れてはならない。現在の都市部には工業化の反動で職を失った人もいる。農業から離れて収入が不安定になった人も存在する。そういう人たちを切り捨てるようでは民主主義が成立しない。社会の底辺に光を当てる草の根民主主義を実現するためには民主的な議論が必要である。都市開発の政策と総合的な問題解決は市民中心に行い、社会と市民に真の利益をもたらすことがもっとも重要な目標である。プロジェクトの実施に関わるすべての関係者は、この目標に向かい責任を持って実施しな

ければならない。また、そのためには市民と権限がある機関が厳密に査察を実施し監視することが重要である。

　住宅地では経済発展以外に文化の振興を図るため地域自治の機能を強化する。経済優先で、すべての開発を野放しにしていては紛争につながることがある。そのため自治体が適宜介入して市民が安心して暮らせる条件を整える。文明化された都市ライフスタイルの構築に貢献するために、都市開発で必要とされる進展を構築し続ける必要がある。草の根民主主義を促進強化し、問題点を迅速に検出して対処することは地域に民主主義を実現することになる。

C. 都市ライフスタイルの構築にむけて党委員会のリーダーシップを強化

　都市開発には党組織の指導者の能力開発が必要である。なぜなら都市住民の健康的な生活文化に欠かせないのが行政の品質である。

　指導者に必要なのは、自由と独立のための愛国心と国民の意識を学ぶ姿勢である。市民が健康的な生活をおくるためには、社会が健全でなければならない。指導者は何か問題があったときに、黄色信号で警告したり、赤信号で止めたりする役割を担っている。

　健全な文化意識を持つ人々は、特別な指導をしなくても愛国心の表現として学校や職場で国旗を掲げる。都市ライフスタイルを構築するために、指導者は政治的な面と通常の社会関係の文化的行動の両面に注意する必要がある。都市のライフスタイルを文明化するリーダーシップには二つの重要なタスクが含まれている。まず、市民を理解し、公正な社会を守ること。その上で、都市の文明的なライフスタイルを構築する条件を整えることである。

この二つの条件は、互いに影響しあう密接な関係にある。「衣食住と学習の条件がすべてそろってから都市は文明化し始める」とホアン・ダオ・キン（Hoàng Đạo Kính）教授は指摘している。[11]

　都市を文明化する指導においては、都市文化と伝統的な農業文化の関係を整理する必要がある。農村文化をすべて排除してしまうと国のアイデンティティの消失が考えられる。農村の生活様式はベトナムの伝統であるが、その新しいかたちを考えるべきである。都市化により都市環境は順次拡大している。それによって農村の住民が新しい都市に移住した場合、良好なライフスタイルを維持しながら都市のライフスタイルへ徐々に適応できるように指導するべきである。

　市民の都市化が形成される過程で新しい生活様式に変更されていくが、伝統的な美徳や美点を損なうことがないよう注意しなければならない。工業化と近代化に適応すると同時に広く認識されてきた良い伝統を守る努力が必要である。

　都市化にともなう悪影響は便利になりすぎた生活によるものもある。情報技術の急速な発展により生活が便利になる反面、都市住民の中には孤独な閉塞感にさいなまれる人もいる。市民の自己認識の保持と社会生活でのコミュニケーションの関係は、都市生活の新たな挑戦であるが、指導者は社会の底辺のことも十分に認識しなくてはならない。

　党のリーダーシップにより文明化された都市の政治システムを構築して、現代文明の具体的な基準を社会全体と個人の生活に浸透させる。そのためには、都市型ライフスタイルの進歩を理解した上で社会のすべてを見渡す視野が必要である。

---

[6] Báo Thể Thao và Văn hóa, số ra ngày 6-12-2005

都市ライフスタイルを構築するため党の指導者は基本的な方策を実施している。都市部の党組織は、都市ライフスタイルを構築するために実行可能な解決策を提案し、区分と完了時期を特定した定義を明確にしなければならない。

このような解決策は重要であるが、より効果的に解決を実施するため、定期点検、評価、実現可能性の確認などを市民の協力を得て実施すべきである。

また、党の指導要領を管理者が効果的に実施するという観点も重要である。都市開発で管理者は建設促進と拒否の両方に大きな役割がある。拒否が有効に機能しない場合、建設の促進はむずかしい。違法建築などを拒否する場合、必要な罰則規定を明確に規定しておかなければならない。罰則を適用する場合、それが反社会的行為であると違反者に理解させなければならない。シンガポールでは、厳しい罰則が明文化されていることで都市の清潔な景観が保たれている。

また、罰則の実施にあたっては文化の特性について特に注意するべきである。文化に反する状況を回避するために最大限の努力をする必要がある。実際に罰則を適用する場合、その効果を計算することが重要である。厳しく見える罰則でも違反者に指導的効果がないようでは意味がない。

効果的な管理を可能にするためには、指導者は罰則（ソフト面）の適用以外に、都市のために必要な文明化された都市施設（ハード面）の建設に注意を払う必要がある。例えば交通システムの近代化は、市民の交通安全とともに交通ルールを守らせる教育的効果がある。シンガポールでは、公衆衛生のために清潔な公衆トイレを数多く設置する

とともに厳しい罰則規定を設けた。ゴミのポイ捨ての習慣を制限したいなら、ゴミの出そうな場所にゴミ箱を設置するとともに罰則規定を設ければ良い。図書館に文化的な本を多数揃えれば文化の向上が期待できる。ヨーロッパでは本を出版する際に通常の大きさ以外に一回り小さなポケット版を出版することがある。ポケット版は持ち歩きに便利なのでバスを待つ間にも読書をすることができる。

　大衆運動における党の指導を効率的に実現する方法を考えてみたい。大衆運動が成功すれば広報、人権保護、教育などの行政問題を効率よく解決できる。都市生活を構築する際に大衆運動に積極的に参加する地域社会は、全体の文化的な生活の実質的な質を高める効果が期待できる。都市の進歩は社会の文化的環境の変化をともなうが、都市ライフスタイルに関連した文化が大衆に浸透することは、社会の精神的な基盤となるとともに社会経済の発展が期待できる。広報は地域の党組織ではなく祖国戦線などの団体がする方が都市ライフスタイルの構築に効果的である。これは政府による広報に全面的に依存するのではなく、地域に密着した機関の方が効率的に実施できるからである。日頃から地域で顔を合わせていなければ住民の本音を聞きだすことは難しい。

　学校における市民教育によって政府の方針を広めるという方法もある。都市ライフスタイルにおいて党の指導には市民個人と社会関係に注意が必要である。社会の質は市民が生まれ育った環境により多くの部分が影響される。そのなかで学校教育の影響は特に大きい。教育の品質は社会の品質に直結する。

　しかし、多くの人が指摘するようにベトナムの教育には多くの問題がある。学生、生徒には文化と正しい行いを教えなければならない。学校

は政治的資質を向上させる場でもある。学校や一般的な教育・訓練の分野で都市ライフスタイルを構築する党組織の指導的役割を強化するべきである。それは、都市の文明化と秩序を創り出すことになる。

　指導者は自らが指導要領の手本とならなければならない。党組織は指導者として進歩的な都市型ライフスタイルを構築する責任があり、指導者はいつでも市民の先頭を歩かなければならない。指導部だけでなく、すべての党員は中央の議決の指導要領にならってその先駆者となるべきである。指導者は、政治的安定、正しい道徳、市民との共感、健康的なライフスタイル、進歩的な先駆者となり、優れた労働者であるとともに模範的な市民とならなければならない。

　また、都市文化の指導において党の文化を確立しなければならない。党の文化は崇高な目標ではなく、民族の文化と共存しているものである。それは高度な文化概念であるが、国家のアイデンティティを具体化したものである。党はベトナムの工業化や近代化を促進するために経済発展と都市建設においてリーダーシップを確立する必要がある。

D．進歩的な都市の社会政治制度を構築するために積極的な役割を強化

　ベトナムの祖国戦線はさまざまな政治団体を広く包括していて、一般大衆を指導する機関である。政治団体とは市民の団体であり、実際にはさまざまな形態がある。ホーチミン共産主義青年団は政治的な目的で活動している。労働組合、農民組合、婦人会、退役軍人会、青年ユニオンなどがあり、科学連合会や各種友好団体などもある。これら団体の目的や主な任務はさまざまであるが、祖国戦線に包括されている。祖国戦線も市民組織であるが、ベトナム共産党の指導による政治

的な基盤となっている。祖国戦線と市民組織は党、国家と国民の間の橋渡し役として、重要な役割を担っている。もっとも重要な役割はホーチミン主義の精神を継承して人々に広めることであり、人民の主権を堅持して安定的で文化に根ざした国造りに貢献することである。

現在進行中の都市開発と都市建設、文明的なライフスタイルのプロセスでも祖国戦線と市民組織は大きな役割を果たしている。ドイモイ政策の実施以来25年以上に渡って都市開発を実践してきた経験は有益な教訓を多数残している。それは困難を克服しながらの建設であり、祖国戦線と市民組織が市民の同意を得るために奔走した歴史でもある。

Ⅲ、いくつかの提言

本書ではこれまでに文化的な都市ライフスタイルを効率的に構築するさまざまな施策を考えてきたが、最後にその実現に向けていくつかの提言をしてみたい。

ベトナム共産党の指導部はさまざまな方法で都市の文明化と文化的ライフスタイルの構築を推進してきた。このことは国会決議、党中央委員会の決定、政治局の議事録などの資料をみれば明らかである。党の見解や政策を具体化する行動計画は地域の党指導部によって実行される。実施過程において、党組織は定期的に点検し、問題があれば迅速に解決策を検討し、その後も注意深く監視し続ける必要がある。

政治活動を行う党員に対する指導を現在より強化するべきである。党員は文化とライフスタイル、文明と進歩を構築する模範とならなければならない。また、都市文化の構築は国家によってなされるよう条件を整備するべきである。そして、党と国家は都市開発の計画と管理

を専門にする研究機関を設立する必要がある。

　中央直轄市の中で政策を先行実施するモデル都市を指定し、その都市には都市開発の権限を拡大して付与する。また、市長の権限で特定の産業振興を図るなど、その地方の特色に応じた都市経営を大幅に認める。そして、都市機構の管理者の責任感を高めるため、各部門の権利は責任がともなうことを明確にする。

　街区と区などの地域コミュニティの自己管理能力を高めるために、自己管理の仕組みを完成する。その目的は都市の自治能力を向上させることにある。

　中央政府、省（地方政府）、市、それぞれすべてで都市計画を改革して品質を大幅に向上さる。都市は多文化、多階層の複雑な社会である。農村の管理経営のような単純なものではない。生態系の破壊、環境汚染、インフラの劣化、交通渋滞、人口過剰などさまざまな問題が発生するが、計画的に対処できないと社会の安全と秩序などの面で市民生活を保障することができない。都市の文明化や生活様式の都市化のプロセスは長期的な戦略を立てて科学的に計画し、適切に管理された場合にだけ進展が可能となる。特に、一般的な開発計画や都市開発計画は、文化と都市のライフスタイルの形成に重要な役割を持っている。しかし、ベトナムの都市計画は、適切な戦略的展望を欠いていることが多く、計画が修正されることがよくある。修正が多数発生する計画は効率の点で問題である。これは都市化の障害となる基本的な原因の一つであり、貧弱な計画は都市問題の発生につながる。そのため、都市開発においては、社会空間設計、建築計画、経済開発などの基礎計画の質を向上させることが重要である。

おわりに

　ベトナムではドイモイ政策実施以降、国の工業化と近代化が推進されてきた。しかし、進歩的な都市ライフスタイルを構築することは困難で長い道のりが予想される。この過程では建設と破壊を調和させ、巧みに舵をとることが必要である。なによりも長期計画による戦略を遵守し、さまざまな問題に注意深く対処しなければならない。市民生活に関する問題も同じで、適切な指導により人々の生活と安全を保証しなければならない。

　進歩的で文化的な都市ライフスタイルを構築するためには、都市構造を根本的に造り直す総合的なシステムを導入しなければならない。しかし、近代化へと変化している都市のなかでも市民は日々暮らしている。したがって、あくまでも主権は市民にあり、大衆の同意なくして都市計画は成功しない。

　都市ライフスタイルを構築するためには経済発展計画と文化振興策が重要であるが、その中心でリーダーシップをとるのは中央政府と共産党である。経済が発展せず、国民の生活水準が低ければ理想的なライフスタイルは実現できない。そのため、経済発展を持続させて国民の生活水準を向上させるために、党は人々とともにドイモイ（改革）を進捗させる必要がある。経済発展のためには都市インフラの近代化を優先して取り組む必要があるが、「ハード」と「ソフト」のバランスを十分に考慮して合理的な開発を行うことが重要である。また、開発過程では長期的視野に立つ戦略が必要であり、世界の大都市で発生した問題を回避するためには科学的な研究による都市計画が必要である。

社会と家庭の経済の両方に注意を払って問題に対処する具体的な方法を考えてみたい。まず、国の都市管理能力を強化すべきである。それから、市民の草の根文化に注目しなくてはいけない。特に重要なのは、学校でのイデオロギー教育である。都市を発展させるためのライフスタイル教育を子どものころから徹底して行うべきである。また、地域市民に政治参加を求めることは自治の精神を促進するねらいがある。

　都市ライフスタイルの構築では、祖国戦線と大衆組織が重要な役割を持っている。この二つの団体が有効に機能している都市では連帯意識や社会的同意が高水準で形成され、近代化に伴うさまざまな困難を解決できる。

　最後に、文明化された都市ライフスタイルを構築することは、数多くの苦難に満ちた仕事である。そのため、党のすべての組織が参加しなければならないが、特に党委員会の役割は大きい。現在は近代化と国際統合の時代であり、工業化の更なる加速がベトナムには求められている。文明化された都市の建設過程において党の指導的役割を更に強化する必要がある。

原書

PGS.TS. Trương Minh Dục

TS. Lê Văn Định

LỐI SỐNG ĐÔ THỊ VIỆT NAM TRONG QUÁ TRÌNH ĐÔ THỊ HÓA

(sách chuyên khảo)

Nhà xuất bản Chính trị quốc gia - Sự thật

Hà Nội - 2013

Chịu trách nhiệm xuất bản
TS. NGUYỄN DUY HÙNG

Chịu trách nhiệm nội dung
ThS. NGUYỄN VĂN TRỌNG

Biên tập nội dung:	VŨ THỊ HƯƠNG
Trình bày bìa:	HÀ LAN
Chế bản vi tính:	NGUYỄN THU THẢO
Sửa bản in:	PHÒNG BIÊN TẬP KỸ THUẬT
Đọc sách mẫu:	VŨ HƯƠNG

:

Mã số   32(V)2
           ─────────
           CTQG-2013

In 500 cuốn, khổ 14.5 x 20.5 cm tại NXB Chính trị quốc gia

Số đăng ký kế hoạch xuất bản: 431-2013/CXB/55-37/CTQG

Giấy phép xuất bản số: 3223-QD/NXBCTQG ngày 26-04-2013

In xong và nộp lưu chiểu tháng 4 năm 2013

翻訳者；野島 和男 (Nojima Kazuo)
ホーチミン市在住
現職；ホーチミン市社会人文大学外語センター講師

チュオン・ミン・ズク ＆ レ・ヴァン・ディン著　野島　和男訳
ベトナムの都市化とライフスタイルの変遷
（シリーズ：ベトナムを知る）

発行	2015年5月
発行者	酒井　洋昌
発行所	ビスタ　ピー・エス
	〒410-2418
	静岡県伊豆市堀切１００４－２６３
	Tel：0558-72-6809　　Fax：0558-72-6738
	http://www.vistaps.com
	E-mail：customer@vistaps.com

印刷：韓国学術情報㈱　　　　　　　　　　　　取扱：官報販売所

© 2013 National Political Publishing House /Viet Nam　（検印省略）
Printed in Korea　ISBN978-4-907379-02-05　C3036　無断転載禁止
価格はカバーに記載されています　　　　　落丁・乱丁はお取替えいたします

シリーズ：ベトナムを知る

刊行予定　（すべて仮題　刊行時期未定）

持続可能な発展
ベトナム文書館紹介
ベトナムプレスの社会批評
ベトナムの島々と領有権
ファンケビン著　ベトナムの風俗習慣
ベトナム出版法